気軽に読める
ゴルフの起源

ゴルフは
こうして始まった

山本久仁夫

はじめに

　ゴルフの起源については諸説あり、古くはローマ時代にさかのぼるようですが、あまりにも古くてそのことを明確に示す資料は存在せず、大方は推測の域を出ないようです。

　ゴルフについて公式な記録として残っている最古のものは、1457年にスコットランド国王のジョージⅡ世が公布した、「ゴルフ禁止令」とされています。このことは、今から600年ほども昔に国王が禁止令を出さなければならないほど、国民の間にゴルフが流行っていたことを物語っています。

　日本でも、明治34年に初めて「神戸ゴルフ倶楽部」が創立されてから、既に120年を超えて、今では世界で3番目のゴルフ大国となっています。

　ゴルフは長い歴史の中で進化して来ましたが、これからも時代とともに進化は続いていくことでしょう。しかし、ゴルフの神髄である「正々堂々」、そして「あるがままに」の精神を忘れて、娯楽やスポーツとしてのみに進化していくことには、一抹の寂しさを感じる方もいらっしゃるのではないでしょうか。

　この本は、ゴルフの創設期から近代までの生い立ちを、諸先輩方々が出された資料をもとにまとめたものです。ゴルフの歴史入門書として一人でも多くのゴルフ愛好家の方々にお読みいただき、ゴルフの生い立ちとともに昔のゴルファーの思いなども想像しながら、話のタネにしてもらえれば幸いです。

目次

第Ⅲ章 日本に於けるゴルフの始まり …………… 63

第Ⅳ章 創生期の日本人プロゴルファー…… 95

第 I 章

ゴルフの生いたち

「ゴルフの神髄は自らを律することにある」

ゴルフ規則の第1章はエチケットに始まり、他者への配慮と安全を前提として、すべてのプレイヤーが公平にゴルフを楽しめることを目的として作られている。そして、多くのスポーツの中で唯一「自らを審判する」紳士の競技であり、不変の大原則は「あるがままにプレーをする」である。

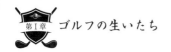

1 ゴルフの起源（1457年）

（コルベンをするオランダの少年）

　ゴルフの起源は、スコットランドの羊飼いたちが持っていた杖で石ころを打って、ウサギの穴に入れたのが始まりとする説がある。しかし他説も多く、スティック＆ボールの遊びは古代ギリシャやローマ時代のパガニア説[1]に始まり、中国には捶丸説[2]があり、日本にも毬杖説[3]がある。しかし、古代の球技がゴルフの起源へとつながった軌跡は見られない。ゴルフの起源を逆にたどれば、スコットランドのゴルフ（14世紀初頭）説、オランダのコルベン[4]（1387年）説、ベルギーのコルベン又はショール[5]（1360年）説、フランスのクロス[6]（1244年）説で途切れて、それより以前にさかのぼることができない。したがって、ゴルフの起源は中世フランスに始まり、ベルギーからオランダを経由して、海を渡ったスコットランドのリンクスランドで完成されたとする説が信憑性を帯びてくる。

　当時、スコットランドとオランダは商取引が盛んで、多様な品物を満載した船がドーバー海峡を頻繁に行き来しており、スコットランドに着いたオランダの船乗りたちが、暇を見付けて自国で流行していたコルベンで遊んでいたことは容易に想像できる。スコットランド人はそれを真似て遊ぶようになり、広大なリンクスランド[7]によってゴルフへと進化したと考えるのが順当であろう。

　オランダには16世紀初頭から17世紀にかけて、コルベン（kolven）と呼ばれた球戯で遊ぶ姿が、絵画やダッチ・タイルに多く残されており、そこにはホッケーで使うような大きなクラブを持って、多くの人達が街中や氷上でボールを打つ姿が描かれている。オランダの画家、アルベルト・カイプ[8]（1620~1691）が描いた「コルベンをするオランダの少年」

の絵画は、スコットランド王ジェームズ
Ⅱ世が出した、ゴルフ禁止令（1457年）
よりも凡そ200年の後に描かれたもので、
手にしているのはゴルフクラブに似たも
のであるが、画名はコルベンのままであっ
た。

（1792年、フットコルベンの銅版画[10]）

　1485年頃、スコットランドはオランダ
から多量のクラブやフェザーボール[9] を
輸入していたが、1613年になってスコッ
トランド王ジェームズⅥ世はオランダか
らのクラブとボールの輸入をすべて禁じ
て、エディンバラの御用商人ジェームズ・
メルビルに、21年間のフェザーボール製
造販売の独占権を与えて自国でゴルフ用
具を作ることを命じている。

　1650年頃になると、今度はスコットランドからオランダにゴルフクラ
ブやフェザーボールを輸出するようになったが、オランダにはスコット
ランドのリンクスランドのような広い場所はなく、オランダで最初にゴ
ルフクラブができたのは19世紀初頭に創設された「ユトレヒトセ GC デ
パン （Utreehisa GC de pan）」と云われている。

　その後、コルベンはオランダ移民によってアメリカに渡ったが、今で
は衰退して見ることはなく、氷上のアイスホッケーへと進化したとする
説もあるが、これも確証はない。

　結局、ゴルフの起源はスコットランドではないとしても、スコットラ
ンドのリンクスランドで進化して、現在に至ったことは全世界が認める
ところである。

　ゴルフに関する世界最古の公式記録として現存するのは、1457年にス
コットランド王ジェームズⅡ世が、「ゴルフやフットボールが国民の武
技訓練を妨げている」として公布した「ゴルフ禁止令」と云われている。
それより以前の1363年にエドワードⅢ世によって「フットボール禁止令」

9

（Wikipedia：ジェームズⅡ世）

が出されているが、ゴルフが禁止された
のはこの時が初めてであった。これはゴ
ルフが始まったのは、フットボールより
も遅かったことを示すもので、スコット
ランドでゴルフが始まったのは13世紀中
期以降であった可能性を示している。
　それから14年後の1471年には、ジェー
ムズⅢ世が2回目のゴルフ禁止令を出し、
さらに1491年にはジェームズⅣ世が3回
目の禁止令を出して、違反者には40シリ
ングの罰金刑を科した。しかし、1502年
にはジェームズⅣ世が自らゴルフ禁止令
を破って、エディンバラの弓師シント・ジョンストンにゴルフクラブを
作らせて、8シリングを支払った記録が宮廷会計簿に残っている。その
後も国民のゴルフ熱は高まる一方で、教会の日曜礼拝に行かずにゴルフ
をする者が出てくるようになり、1592年には日曜礼拝日のゴルフを禁止
する一項が加えられた。このように、ゴルフが社会問題となっていたに
も関わらず、1603年に今度はジェームズⅥ世がエディンバラの弓師ウイ
リアム・メインを、生涯王専属のクラブ職人として召し抱えるなど、国
王自身がゴルフに対する思いを自制することができなかったようである。
　同年、ジェームズⅥ世は血統によりイングランドの王位を継承して2
国の王となり、居城をスコットランドからイングランドのロンドンに移
してジェームズⅠ世となった。その頃ゴルフはスコットランド人の遊び
で、イングランドにはゴルフを楽しむ場所はなかった。ゴルフをことの
ほか好んだジェームズⅠ世は、早速ロンドン郊外のブラックヒース王立
公園内に、5ホールのゴルフコースを造らせた。そこを拠点に、王とと
もにロンドンに移住した貴族と家来達によって1608年に創設されたのが、
世界最古と云われる「ロイヤル・ブラックヒース・ゴルフクラブ」である。
　また、ジェームズⅠ世は1618年に教会礼拝日のゴルフ禁止令を撤回し
て、礼拝が終わった午後のゴルフを許して国民の不満を緩和している。

このように、スコットランド人にとってゴルフは国王から国民に至るまで不可欠なものになっていた。その後、ゴルフはイギリス全土に広がり、さらに大英帝国の世界進出とともに全世界へと広がって、今では世界のゴルフ場の数は32.471 [11] コースとなっている。

　脚注

（1）紀元前510年頃。先の曲がった棒で、直径12cm程のボールを取り合いする姿が壁画に残る。

（2）北宋時代の貴族の間で行われた球技（ツイワン）で、先の曲がった杖でボールを打って穴に入れる。最古の記録は943年に南書の史書にある。

（3）9世紀後半。毬杖（ギッチョウ）は木製の槌（つち）が付いた杖で、木製の毬を相手陣に打ち込む奈良時代の宮廷球技。

（4）ホッケーのクラブに似た先の曲がった長い棒でボールを打ち離れたポールに少ない打数で当てる球技で陸上と氷上で行っている絵が残る。

（5）先が鉤型になった棒を使ってボールを打つゲームの総称。

（6）先が鉤型に曲がった棒（クロス）を使ったスティック＆ボールのゲームの一形態。

（7）スコットランドの海岸線と内陸部の間に出来た自然の砂丘地帯。

（8）オランダ黄金時代の巨匠の一人に挙げられている画家（Albert Cuyp、1620~1691）

（9）3~4枚の牛皮を球形に縫い合わせ、その中に山高帽子一杯分の湿らせた羽毛を詰め込んだゴルフボール。起源は不明。

（10）最古のフットコルベンの単行本に掲載された銅版画。

（11）2019年にR＆Aが発表した世界のゴルフ場数。

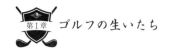
2 最古のゴルフコース（1457年）

　世界最古のゴルフコースは、スコットラン
ドのエディンバラにあった5ホール（2221yd）
の「リース・リンクス（Leith Links）」と云
われている。しかし、1888年に市の都市計画
によってゴルフコースは公園となり、リース・
リンクスが存在していたことを示す小さな石
碑が残されている。ここでは、ジェームズⅡ

(写真提供：芝鳥氏
リース・リンクスの石碑)

世が1457年にゴルフ禁止令を出す以前から、多くの市民がゴルフを楽し
んでいたと伝えられているが、起源を示す資料は残されていない。

　その後、スコットランドのジェームズⅥ世が、1603年に血統によって
イングランドの王位を継承して、2国の王ジェームズⅠ世となってロン
ドンに居を移した時の記録に「王は故郷のリース・リンクスでのゴルフ
を懐かしんでいた」と記述が残っており、それによって、リース・リン
クスが1603年以前から存在していたことが裏付けられている。一方で、
古くから牧童らがスティック＆ボールの遊びをしていたとする、セン
トアンドルーズのリンクスを最古のゴルフコースとする説もあるが、そ
れを示す根拠はない。1552年1月25日に、当時セントアンドルーズの最

高権力者であったジョン・ハミルトン大司教は、
町の西側にあった市有地のリンクスランドを
市民が自由に使える場所として公認している。
その頃はゴルフやフットボールだけでなく、
羊の放牧や小川での洗濯や散策など、市民が
自由に使える場であって、ゴルフコースと呼
ばれるような区分された場所はなかったはず
である。

　また、1563年にメアリー女王[(1)]がエディン
バラでゴルフを楽しんでいた記録が残ってい

(写真提供：芝鳥氏
ギネスの認定書)

るが、コースを示す記述はなく、おそらく城の庭か別荘近くの草原で、スティック＆ボールの遊びを楽しんでいたものと考えている。

　その時にメアリー女王がクラブ持ちとして引き連れていた、若いCadet（士官候補生）が、キャディ（Caddie）の語源となったと云われている。

　それから約200年後の1754年に、ファイフの貴族22人によって、セントアンドルーズのリンクスを拠点とした「ザ・ソサエティー・オブ・セントアンドルーズ」が創設されており、その頃になると区分されたゴルフコースが存在していたと考えられる。

　現存するゴルフコースで最古とされるのは、エディンバラ郊外に造られた「マッセルバラ・リンクス」と云われている。ここには1672年3月2日にラウンドしたスコアカードが残されており、ギネス[2] はそれを基に世界最古のゴルフコースとして認定した。

　脚注
（1）1542~1587スコットランド王ジャックⅤ世の死去によって、生後8日で女王となる。史上初めての女性ゴルファーと云われている。1587年王に対する謀反の罪で斬首となる。
（2）「あらゆるものの世界一を収集した書籍」で、アイルランドのギネスビール醸造所が1955年に始めた。

3 ゴルフの聖地「セントアンドルーズ」(1754年)

　ゴルフの聖地とされるセントアンドルー
ズは、スコットランドのエディンバラから
70kmほど離れた北海に面した地で、聖アン
デレ[1]にちなんで名付けられた宗教都市
であった。12世紀から14世紀にかけて大聖
堂が建造されたところで、1559年まではキ
リスト教徒巡礼地の1つであった。しかし
16世紀に入り、スコットランドの暴力的な
宗教改革によって、大聖堂も城も壊されて

（エディンバラの位置）

その後再建されることはなかった。そこにゴルフの聖地とされる、セン
トアンドルーズ・リンクスがあるが、ここでゴルフがいつ頃から始まっ
たのか1457年以前の公式な記録はない。

　セントアンドルーズの海岸線一帯は、北海からの荒波と強風によって
自然が造ったリンクスランドであった。15世紀頃、ここは市有地で市民
は暗黙の了解のもとに羊の放牧やウサギの狩猟、ゴルフやフットボール、
そして散策など市民は自由につかっていた。この地を市民が自由に使う
権利として公式に認めたのが、当時セントアンドルーズの最高権力者で
あったジョン・ハミルトン大司教であった。そして、1552年1月25日付
で発行されたのが、ゴルフ史上有名な「ハミルトン・チャーター[2]」
である。その後、ハミルトン大司教はスコットランドの財務長官など国
の要職を務めたが、政争によって1571年に絞首刑となった。

　17世紀に入ると市の財政は厳しくなり、1732年には市民の憩いの場と
なっていたリンクスランドを、養兎業者に貸し出すことになった。但し、
市民がそこを自由に使える権利は「ハミルトン・チャーター」通りに残
された。その後もいくつかの業者に借地権は移り、1780年にはとうとう
土地が競売されることになった。そこでも、これまで通り「ハミルトン・
チャーター」は引き継がれ、市民が楽しむ権利は残された。しかし、地

主は競売の条件を無視して次第に土地を占有するようになった。そのため市民は1804年に土地の利用権を主張して訴訟を起こし、長期化した裁判を市民は100年戦争と呼んだ。訴訟から89年目の1893年になって市が土地を買い戻し、再び市有地となって現在に至っている。

その係争中の1754年に、セントアンドルーズのリンクスを拠点とする、ファイフ（fife）[3] の貴族二十二人によって、ゴルフクラブ「ザ・ソサエティー・オブ・セントアンドルーズ」が創設された。そして、1835年には国王ウィリアムⅣ世からロイヤルの称号が与えられて、「ロイヤル・アンド・エンシェント・ゴルフ・クラブ・オブ・セントアンドルーズ（R&A[4]）」と名称を変更し、ゴルフ界の世界的権威と発展していった。

その頃、セントアンドルーズ・リンクスは12ホールに増えていて、その内の10ホールを往復で使って、合計22ホールを1ラウンドとしていた。しかし、1764年になって市から土地の一部を返還するように申し入れがあり、やむなく10ホールに縮小して、その内8ホールを往復で使って、合計18ホールを1ラウンドとすることになった。

その頃、R&Aは世界のゴルフ界の中心的な存在となっており、他のゴルフコースはR&Aが本拠地とするセントアンドルーズ・リンクスに倣って、18ホールを基本とするようになった。ちなみに、セントアンドルーズ・リンクスがオールドコースと呼ばれるようになったのは、1895年に新たらしく18ホールが造られてからである。これまでのコースをオールドコースと呼び、新しく造ったコースをニューコース[5] と呼ぶようになった。また、1897年にはヴィクトリア女王の即位60周年（ Diamond judilee）を祝って、新たにジュビリーコースを造っている。

現在、セントアンドルーズにはオールドコースを含む7つのパブリックコースがあり、ここを拠点に13のゴルフクラブが創設されている。この7つのコース[6] を運営管理しているのは、R&Aなどのクラブではなく、Links Trust（共同体）という、セントアンドリュース市の公社である。なお、オールドコースは今も安息日はオフとなって、市民の憩いの場として開放されている。

オールドコースはホールごとに愛称が付けられているが、人名が付け

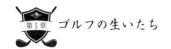

られているのは、10番ホールのボビー・ジョーンズと、18番ホールのトム・モリスの二人だけである。ちなみに、日本人の名が付くバンカーがあるのをご存知でしょうか。1978年の大会で中島常幸が17番の「ロードホール・バンカー」にボールを入れて、そこから出すのに4打かかったことから、別名「The Sands of Nakajima」と呼ばれている。

　そして、セントアンドルーズの長い歴史の中で、今も市民が偶像的に敬愛する4名のゴルファーがいる。

　　＊不敗の名手と云われた「アラン・ロバートソン」（1815~1859）
　　＊全英オープンで4連勝した「ヤング・モリス」（1851~1875）
　　＊騎士道精神のプレー「フレディー・テイト」（1870~1900）
　　＊球聖と呼ばれる「ボビー・ジョーンズ」（1902~1971）

（写真提供：秋山真邦氏 オールドコースの安息日の光景、18番に架かるスゥィルカンブリッジ）

　脚注
（1）キリスト教の教会を代表する12人の一人で、紀元前69年にギリシャでX型の十字架で処刑となる。
（2）セントアンドリューズに隣接するリンクスランドを市民が自由に使えることを示した公文書。
（3）スコットランドの行政区の一つで、かつてのピクト人のファイフ王国。
（4）ゴルフ競技規則の制定などを行う、世界でゴルフに関する最も権威のある機関。
（5）コース設計はトム・モリスである。
（6）オールドコース、ジュビリーコース、ニュー・コース、イーデン・コース、ストラスタイラム・コース、キャッスル・コース、バルコブ・コース。の7コース。

4 アメリカにおけるゴルフの歴史(1743年)

　アメリカでは、英国人によってゴルフが持ち込まれる以前に、オランダからの入植者が、自国で流行っていたコルベンで遊んでいた記録が残されている。それは、現在のニューヨーク州アルバニーの近くにあったオラニエ砦でのことで、1650年12月に砦の中でコルベンをしていたのが記録に残されている。それから4年後の1659年12月10日に地域の統治者は、住民の危険防止のために砦内やビバーウィック村でのコルベンを禁じて、違反者には25ギルダー⁽¹⁾の罰金刑を科すことも決めている。その後、コルベンは衰退してアメリカでは見ることはない。

　ゴルフに関するアメリカの最初の記録は、「1743年にスコットランドのリースからサウスカロライナ州のチャールストンに住む、スコットランド移民のウイリアム・ウォーレス宛てに、ゴルフボール432個とクラブ9本を送った」とするものである。これによってゴルフはスコットランドの移民者によって、アメリカ大陸に持ち込まれたことが裏付けられている。この話はアメリカ合衆国が誕生する30年余り前のことで、正式にはアメリカの最初の記録とは言えない。アメリカに初めてゴルフコースが造られたのは、それから100年余り後になってからであった。1888年（明治21年）2月に、ニューヨーク郊外のヨンカーズに住むジョン・レイドが、リンゴ畑の中に3ホールのコースを造って、仲間5人とゴルフを楽しんだのが始まりであった。付近の住民は仕事をせずにボールを打って遊ぶ彼らを「アップル・ツリー・ギャング」と呼んだ。

　その年、コースを6ホールに拡張して、11月14日にアメリカで最初のゴルフクラブ、「セントアンドルーズ・ゴルフクラブ・オブ・ヨンカーズ」を創設した。ジョンもまたスコットランドからの移民の子であった。その他にも古いゴルフクラブがあったと云われているが、南北戦争（1861～1865）によって資料は散逸し、確かなことは分からないようだ。

　それから、わずか6年後の1894年には、「セントアンドルーズ・ゴルフクラブ・オブ・ヨンカーズ」、「ニューポート・カントリークラブ」、

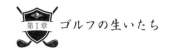

「ザ・カントリークラブ」、「シカゴ・ゴルフクラブ」、「シネコックヒル
ズ・ゴルフクラブ」の5クラブの代表がニューヨークに集まり、「Amateur
Golf Association of the United states」を設立した。後に、この協会は
「United States Golf Association（全米ゴルフ協会・USGA）[2]」と名称
を改め、R&Aとともに世界の権威ある組織となっていった。

　スコットランドから始まったゴルフであるが、今ではアメリカが世界
のゴルフ大国となりコースの数は14,640場（45%）で、2位はカナダの2,265
場（6.98%）、3位が日本の2,227場（6.87%）、ゴルフ発祥の地イギリスは
4位の1,936場（4.72%）となっている。

　アメリカの公式競技の始まりは、1895年8月に開催された「第1回全米
アマチュア選手権」である。さらに同年6月には「第1回全米オープン選
手権」が、同じニューポート・カントリークラブで開催された。また、
1916年には「第1回全米プロ選手権」がシワノイ・カントリークラブで
行われ、1934年には「第1回オーガスタ・ナショナル・インビティーショ
ナル・トーナメント」がオーガスタ・ナショナルで開催された。なお、
この大会は1939年の第6回大会から「マスターズ・トーナメント」と改
称された。

　この頃、アメリカでゴルフ巧者と呼ばれていたのは、ほとんどがイギ
リスからの移住者で、全米オープンの優勝者は第1回から16回まですべ
てイギリス人であった。アメリカ人が初めて優勝したのは、1911年にシ
カゴ・ゴルフクラブで開催された第17回大会のときで、20歳前のジョン・
マクダーモット[3]であった。以降、アメリカ人ゴルファーの台頭は著
しく、世界のトーナメントをリードするようになっていった。

脚注
（1）オランダの通貨。当時大工の年収は約250ギルダーであった。
（2）アメリカ国内のゴルフに関する統括団体。ゴルフルールなどR&Aと伴に決める。
　　　全米オープンなど13の選手権競技を行う。会員数は70万人を超える。
（3）1891~1971アメリカペンシルベニア州フィラデルフィア生まれ。メジャー大
　　　会4回優勝。

5 日本のゴルフ倶楽部の創生期(1903年)

　日本で最初のゴルフ倶楽部は、明治36年（1903）に英国人アーサー・ヘスケス・グルームによって、神戸の六甲山頂に創設された9ホールの「神戸ゴルフ倶楽部」である。

　2番目は明治37年（1904）に、神戸GCのメンバーであるウイリアム・ジョン・ロビンソン[1]によって、六甲山の麓の青木に開設された6ホールの「横屋ゴルフ・アソシェーション」である。このコースは10年後に地主のグルームが土地を売却したため閉鎖となった。その後、ロビンソンは大正3年（1914）に、西宮の鳴尾浜で閉鎖されていた「鳴尾速歩競馬場[2]」の跡地に「鳴尾ゴルフ・アソシエーション」として復活させた。しかし、この土地も鈴木商店に買収されて、大正9年（1920）に閉鎖となった。同年鈴木商店の社員たちによって、鳴尾GAの跡地を「鳴尾ゴルフ倶楽部」として復活させて、1924年には18ホールとなった。しかし、ここも昭和4年（1929）に土地問題で9ホールになり、昭和14年（1939）に閉鎖となった。一方で鳴尾GCは、昭和5年（1930）には猪名川に18ホールのコースを移しており、日本を代表するコースの一つとなっている。

　3番目は、明治39年（1906）横浜の居留外国人によって根岸競馬場内に「ニッポン・レース・クラブ・ゴルフィング・アソシェーション（Nippon race club Golfing Association）」を9ホールで創立している。このコースはこれまでに造られた砂と土とで締め固めたサンドグリーンではなく、日本で初めてグラスグリーンを採用した。その頃、日本の居留外国人は神戸と横浜に二分しており、ことある毎に張り合っていた。根岸にゴルフコースができた翌年には、早速、神戸と横浜の居留外国人によって、「第1回インターポート試合」を神戸GCで開催している。以来、ライバル意識をむきだしに毎年交互にコースを変えて熱戦を繰り広げた。

　4番目のコースは、日本で初めての公営パブリックコース、「雲仙ゴルフ場」が大正2年（1913）に9ホールで開設された。雲仙は以前から夏の保養地として外国から大勢の人が訪れており、このゴルフ場も長崎県が

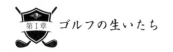

外国人誘致の一環として造ったものである。

　5番目は、大正2年（1913）に日本人を対象として初めて創設した「東京ゴルフ倶楽部」である。コースは東京の駒沢で、9ホールのコースはグリーンからラフに至るまですべてに芝が張られた。しかし、用地の問題で昭和7年（1932）に閉鎖となり、コースを朝霞に移したがここも8年後に閉鎖となり、狭山に移って現在に至っている。

　6番目は大正6年（1917）に神奈川県に開設した、日本で最初の民営パブリックコース「仙石原ゴルフクラブ」である。

　その後、大正9年（1920）には、新宿御苑に6ホールの皇室専用コースが造られ、同年、長野県には「軽井沢ゴルフ倶楽部」が創設され、大正11年（1922）には神奈川県に「程ヶ谷カントリー倶楽部」が創設されるなど、次つぎへと新しいゴルフ場が開設されて、日本に於けるゴルフ文化が始まった。

　余話

　1879年（明治12年）に文部省から発行された「百科事典・體操及戸外遊戯」には、

「ゴルフノ戯ハ蓋シ日耳曼（ゲルマン）ヨリ来タリシモノナラン然レドモ當今ハ専ラ蘇格蘭（スコットランド）ニ流行シテ其國ノ遊戯トナレリ・・・」と紹介されている。

　脚注

（1）英国人の貿易商で神戸ゴルフ倶楽部創設の主要メンバーの一人。

（2）鳴尾には2か所の競馬場があり、鳴尾速歩競馬場を閉鎖して1910年に鳴尾競馬場となった。

第Ⅱ章

近代ゴルフの始まり

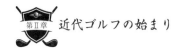

1 ゴルフクラブの始まり（1608年）

（写真提供：秋山真邦氏 R＆Aのクラブハウス）

　日本大百科全書にはクラブの定義について、「クラブとは結社の一形態で、広義にはなんらかの共通の目的・関心を満たすため、一定の約束のもとに、基本的には平等な資格で自発的に加入した成員によって運営され、生計を目的としないパートタイムの機能集団のことである」と記されている。

　クラブの語源はクリーブ（cleave：執着、団結）という英語に由来するもので、起源はローマ時代と云われている。当初は宗教的な組織の一部で、食事をしながら政治や商業のことを話し合う場であったと云われている。イギリスでは16世紀頃に始まったとする説もあるが、クラブと呼ばれる組織形態が普及し始めたのは、17世紀に入ってからと云われており、ゴルフクラブもその一つである。

　ゴルフは、オランダのコルベンがスコットランドのリンクスで進化したものと云われており、その面白さから庶民から中流層へ、更に富裕層へと広がっていった。当初はゴルフの後で同伴者とパブで一杯飲んだのが始まりで、次第に気の合う者同士が集う場を持つようになり、富裕層たちは同じ価値観を持つ者同士を募って、結社的なつながりを持つクラブへと発展させた。そして、混雑するパブリックコースを避けてプライベートコースを造って、厳格なルールを持つ自分たちだけのクラブを組織するようになっていった。

　イギリスで最古のゴルフクラブは、ロンドン郊外のブラックヒース王立公園内に造られたコースを拠点として創設された、「ブラックヒース・ゴルフクラブ」と云われている。そこは、1603年にジェームズⅠ世がスコットランドからイングランドのロンドンに居を移した頃には、まだイングランドにはゴルフコースがなく、大のゴルフ好きであったジェーム

ズⅠ世 [1] は、エディンバラでのゴルフを懐かしみ、1606年に7ホールのコースを造らせたところで、王が引き連れてきた貴族と武将たちによって、1608年に創設されたクラブである。

　一方、スコットランドで最古と云われているのは、エディンバラのリース・リンクス（5ホール）を拠点に、1744年に創設されたゴルフクラブ「ザ・ジェントメン・ゴルファーズ・オブ・リース」である。しかし、このコースは後に市営の公園となって現存していない。

　このクラブは混雑するリース・リンクスを離れて、ミュアフィールドにプライベートのコースを持って「ジ・オノラブル・カンパニー・オブ・エディンバラ・ゴルファーズ」と改称している。これを直訳すると「エディンバラのブルファー達の神聖な同士の集まり」となり、よりプライベート感を強く込めたネーミングとなっている。

　他説では、1735年にはエディンバラ郊外に「ロイヤル・バージェス・ゴルフ・ソサエティー」と云う古いクラブがあったとする説もあるが、それを裏付ける資料は残されていない。

　そして、1754年5月14日にはセントアンドルーズ・リンクスを拠点として、「セントアンドルーズ・ゴルフクラブ」が、ファイフの二十二名の貴族と紳士によって創設された。その後、このクラブは、国王ウィリアムⅣ世 [2] によってロイヤルの称号を与えられて、1834年に「ロイヤル・アンド・エイシェント・ゴルフクラブ（R&A）」と改称して、ゴルフ界における世界的権威となっていった。

　一方、アメリカで最初のゴルフクラブを創設したのは、ニューヨーク郊外のヨンカーズで農業を営むジョン・レイドと云われている。彼は1888年2月22日に自分のリンゴ園の中に3ホールのコースを造り、仲間5人とゴルフを始めた。その後、コースを6ホールに拡張して、同年11月14日にアメリカで最初のゴルフクラブ、「セントアンドリューズ・ゴルフクラブ・オブ・ヨンカーズ」を創設した。

　アメリカには、南北戦争 [3] 以前にもっと古いゴルフクラブがあったと云われているが、戦争によって資料は残っていないようだ。

　先に述べたようにクラブとは閉鎖的なもので、共通の理念を持つ者同

士の社交の場である。クラブへの入会にはメンバーの推薦や、厳格な審査を経て会員となるのが一般的であるが、中には申し込みから入会まで数年かかるクラブもある。また、厳格なクラブほど高額な入会金や年会費が必要で、さらには寄付金などの要請にもこたえなければならないようだ。

　日本でも、ゴルフ倶楽部の創生期の頃は、会員によって運営されていたが、戦後になってゴルフが一般化するにつれて、倶楽部の理念は希薄となり、今では本来の倶楽部組織を維持している倶楽部はわずかしか残っていない。

余話

　1980年頃のセントアンドルーズには7つのパブリックコースがあり、それらのコースを拠点にして、価値観や目的が異なる12のクラブが活動している。R&Aも自前のコースは持たず、オールドコースを拠点として活動しているクラブの一つである。

　このようにコースとクラブは独立した組織であって、任意のコースを拠点として、目的の異なるグループがそれぞれのクラブを結成することができる。

脚注

（1）スコットランド王ジェームスⅥ世は血統によってイングランドの王となり、2国の王としてジェームズ1世を名乗った。

（2）1765~1837。3回目のゴルフ禁止令を出したが自らクラブ職人を召し抱えている。

（3）1861~1865、北部のアメリカ合衆国と合衆国から分離したアメリカ連合軍との内戦。

2 ゴルフルールの始まり（1744年）

ゴルフルールを最初に制定したのは、スコットランドで最古とされるリース・リンクスを本拠地として創設された、「ザ・ジェントルマン・ゴルファーズ・オブ・リース [(1)]」である。1744年に、このクラブで世界最古となる13箇条のゴルフルールが作られた。これ

（最古のゴルフルール、エディンバラの13箇条）

によって、ゴルフが初めて確立されたゲームとなった。

それから10年後の1754年には、後のR&A [(2)] となる「セントアンドルーズ・クラブ [(3)]」が創設されて、先に作られた13箇条のルールがほぼそのまま取り入れられた。1802年にはR&Aによってルールは17条に改定されて、100年後の1902年には37条にまで増えて、さらにストローク競技のために別途16条が加えられた。一方、USGAはR&Aと異なるルールを独自に制定したため、競技会で度々問題になっていた。1952年になってR&AとUSGAはルールの統一に合意して、初めて世界共通のゴルフルールが制定された。

統一されたゴルフ規則は、第1章「エチケット」、第2章「用語の定義」、第3章「プレーについて」に編纂された。なお、第3章の「プレーについて」は41条もの詳細なものとなっていたが、30年後の1984年になって、細分化された条項を整理して現在の34条に改定された。

現在、ルールはR&AとUSGAによって、4年に1度オリンピックの開催年に見直されている。しかし、最初に作られた「13ヶ条のルール」の中で、今日まで絶対の戒律として守られてきたのは、第10条の最後の部分に書かれている「あるがままにプレーしなければならない」（Mustbe play where it lies）である。この一文は1744年にルールができてから、今日に至るまで変わることなく受け継がれている。

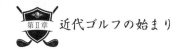

世界最古のゴルフルール13箇条

第1条：ティーはホールからワンクラブ以内に設定しなければならない。

第2条：ティーは地上に盛り上げて設定しなければならない。

第3条：ティーから打ち出されたボールは交換してはならない。

第4条：ボールを打つために石や骨を取り除いてはならない。但し、フェアグリーン上で自分の球からワンクラブ以内なら可とする。

第5条：水やぬかるみなどのハザードに入ったボールは任意に拾い上げ、それらハザードの後に少なくとも6ヤード投げて、そこからプレーを続行すること。ただしボールを拾ったことで、敵に1打譲歩しなければならない。

第6条：2つのボールが接触していた場合、後方のボールを打つまで前方のボールを拾い上げなければならない。

第7条：ボールをホールに入れるときは、ホールに向けて打つこと。自分のライン上にない敵のボールを狙ってはならない。

第8条：誰かに持ち去られるか、または、いかなる理由にせよボールを紛失した場合は、最後に打った地点に戻って、別のボールをドロップしてプレーしなければならない。この災禍で敵に1打譲歩しなければならない。

第9条：ホールにボールを入れるとき、何人もクラブあるいは他のものでホールへの道筋をつけてはならない。

第10条：人、馬、犬など、いかなるものによってボールが止められても、止まったところからあるがままの状態でプレーしなければならない。

第11条：スイング中、いかなる理由にせよクラブが破損した場合、ワンストロークとして数えなければならない。

第12条：ホールより最も遠いボールの者から先にプレーしなければならない。

第13条：壕、溝、あるいは掘はハザードと見なされない。ボールを取り出してプレーし、いかなるアイアンクラブでもペナルティーなしでプレーできる。

(1) 後に「ジ・オナラブルカンパニー・オブ・エディンバラ・ゴルファーズ」に改名し、1836年にマッセルバラに移り、1891年にガランでプライベートコースの「ミュアフィールド」を創設。
(2) 1835年にウィリアムⅣ世からロイヤルの初号が許されて「ロイヤル・アンド・エイシェント・ゴルフクラブ（R & A」となる。
(3) ファイフの22名の貴族によってセントアンドリースを拠点に創設されたゴルフクラブ。

3 ローカルルールの始まり（1888年）

　セントアンドルーズのオールドコースには、ローマ時代から残る「スウィルカンブリッジ[1]」と呼ばれる有名な石橋が架かる小川がある。この辺は古くから市民の生活の場で、牧童達は羊に水を飲ませ、市民はゴルフやフットボールを楽しみ、女たちは洗濯などをする場であった。ところが18世紀頃になるとゴルフが盛んになり、小川の近くに干している洗濯物の上に泥の付いたボールが止まったり、ショットで泥が飛んできて、せっかく洗った洗濯物を汚すなど、次第に女たちとゴルファーとの間でもめごとが多くなった。ゴルファーたちは「ボールはあるがままの状態で打つべし」の大原則があるために、ボールに触ることに戸惑っていた。そこで、R&Aは解決策として「ボールが衣類や駕籠の上、または1レングス以内に止まったときには、罰なしに衣類を引き抜き、また、駕籠を動かすことができる」というルールを作った。しかし、このルールは女たちに受け入れられるはずはなく、かえって苦情は多くなった。
　そこでR&Aは、ルールを変更して「ボールが干してある衣類や駕籠の上、または1レングス以内に止まったときは、ボールを拾い上げて、その後方へ罰なしにドロップすることができる」と改正した。これは1882年頃の話で、その頃にはR&Aはゴルフ界の権威となっており、R&Aの言動は他クラブに大きく影響を与える存在となっていた。その

ため、他クラブから、オールドコースの事情を、R&Aがルールに入れるのは不合理であると異議が申し立てられた。R&Aは1888年になってこのルールを削除して、改めて同クラブだけのルールとして統一ルールと区分した。これがローカルルールの始まりと云われている。

　日本ではローカルルールとして、6インチのライの改善を認めている例もあるが、R&Aはゴルフの大原則は「あるがままにプレーするであり、それができないときは最もフェアと思う処置をとるべきである。その為にはゴルフ規則の正しい理解が必要となる」と指導している。

　余話
　R&Aがローカルルールを規定するまでは、それぞれのクラブで独自のルールを作っており、面白いものをここで紹介する。

　1）1794年、オナラブルカンパニー・ゴルファーズ。
　　キャディーの不規律に対して、良い行儀作法の規則を制定。？
　2）1801年、ロイヤル・バージス・G・S
①ゲーム中に意図的に他のプレイヤーに話かけたり、雑音をたてたりしてプレーの邪魔をしたプレイヤーは5シリングの罰金。
②犬を連れてプレーをしたら5シリングの罰金。
　3）1810年、グラスゴーGC
①決められたマッチがプレーされなかったときには、両者とも罰金としてラム酒1本を出すこと。
②プレイヤーであるメンバーは、シーズン中2回しかプレーしなかった者は、クラブ競技日にマッチを行い罰としてラム酒1本を出すこと。

脚注
（1）オールドコースの18番に古代から掛かる石橋で、「スウィル」とは水洗とか濯ぐ意味がある。

4 ゴルフプレーの変化（1744年）

　ゴルフはもともと私的な競技で、勝ち負けをホールごとに「マッチプレー」で競い合う勝負であった。そのマッチプレーを最初にクラブ競技に取り入れたのは、世界最古とされるゴルフコースのリース・リンクスで創設された、「オナラブル・カンバニー・オブ・エディンバラ・ゴルファーズ」である。同クラブは、1744年にエディンバラ市からシルバートロフィーを寄贈されて、これを争奪する競技を開催した。これがクラブ競技の始まりとなり、それ以降「クラブチャンピオン」を決する年次競技となった。なお、シルバー競技を行うための約束事が最古のゴルフルール13箇条である。

　それから10年後の1754年に、オールドコースを拠点として創設された「セントアンドルーズ・ゴルフクラブ（R&Aの前身）」は、前記のクラブに倣ってルールを設定して、シルバートロフィーを作ってクラブ選手権競技を始めた。しかし、マッチプレーは組み合わせによって選手同士の技量に大きな差が生じて、しばしば紛争の元となっていた。1759年になってR&A「今後は全ホールを最少打数でホールアウトせる者を優勝者とみなす」と競技方法を変更した。これが「ストロークプレー」による競技の始まりである。しかし、当時のストロークプレーは、現在のようにホールの標準打数（Par）を対戦相手としたものでなく、結局、対戦相手は人であることに変わりなかった。これまで選手たちは1ホールごとに勝敗を決していたが、今度はスタートからホールアウトまでの打数を、すべて数えなくてはならなくなった。当時のオールドコースは自然の草原に近い状態でプレーは難しく、しかも22ホールもあって、選手たちはプレーよりもスコアを数えるのに四苦八苦であった。選手はホールごとのスコアを、シャツのカフスや紙切れに書き留めて、競技終了後3桁にもなる成績をクラブに備え付けられた記録簿に記入したのである。なお、当時のストロークプレーによる最少打数の記録は、1764年にオールドコースでウイリアム・シンクレアが出した121打で、18ホールに換

算すると99打となり、史上初めて100打を切ったスコアであった。

その後、スコアカードが公式に使われたのは、1865年の第6回全英オープンであった。

5 18ホールの始まり（1764年）

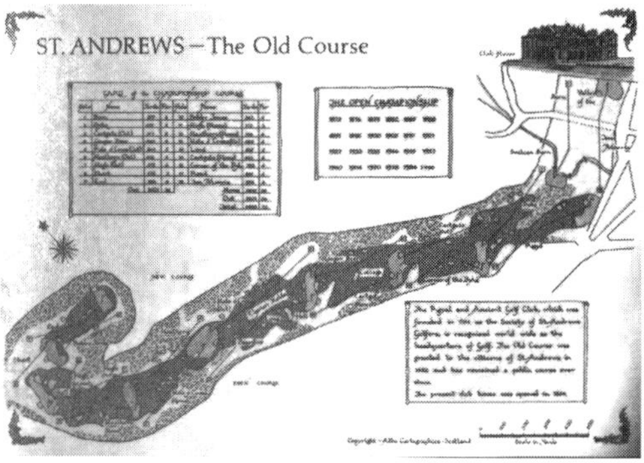

（写真提供：小林祐吉氏　オールドコースレイアウト図）

スコットランドの昔話に、「老ゴルファーがゴルフをしながら、1ホールが終わるごとに一杯のウイスキーを飲んでいたら、18ホール目にボトルが空になったのでそこで終わりにした」。これが18ホールを1ラウンドとする起源になったと云われている。しかし、この話はウイスキー好きのスコットランド人がもっともらしく伝えたもので、信憑性があるのはセントアンドルーズのオールドコース説である。

オールドコースは最初6ホールから始まり、プレイヤーの数が増えるにしたがい奥へ奥へとホールを増設して、スタートから海岸線に沿って12ホールまで奥に延びていた。当初は12ホールでプレーを終えてスタート地点に戻っていた。そのうちに12ホールが終わると、今度はスタートホールに向かって、プレーをしながら戻ってくるようになり、往復の22ホールを1ラウンドとするようになっていた。

1764年になって、土地の所有者であるセントアンドルーズ市から、土地の一部返還を求められて、これまでの12ホールを10ホールに縮小して、10ホールの内8ホールを往復で使い、合計18ホールを1ラウンドにした。しかし、10ホールの内8ホールを往復で使うため、ボールがグリーン上を交差する危険な状態が凡そ100年も続いた。

1857年頃にはゴルファーの数は大幅に増えて、グリーン上はさらに危険な状態になっていた。そのため、10ホールの内7ホールのグリーンを大きく広げて1グリーンに2個のカップを埋め込み、1・9・17・18のグリーンは単独ホールにして、初めて18個のホールを持つコースとなった。これがオールドコースの18ホール起源説である。また、Wグリーンとなってホールを間違えないように、海岸線に沿って一番遠い9番ホールまでを白旗で示して、そこから戻ってくる18番ホールまでを赤旗で示した。これを「Going out・Coming in」と呼ぶようになり、現在のOUT・INの語源となった。

　全英オープンは1860年の第1回から1872年の12回まで、12ホールのプレストウィック・ゴルフクラブで開催されていたが、1873年の13回大会で、初めて18ホールのオールドコースで開催された。

　その後、世界のゴルフコースはR&Aが本拠地とするオールドコースに倣って、18ホールを1ラウンドとすることを基本とするようになった。しかし、18ホール説は1864年を起源とする、イギリスのロイヤル・ウインブルドン・ゴルフコース[1]であるという説もある。このコースはロンドンに近く交通の便がよいことから年々会員が増えて、これまでの7ホールでは対応できなくなっていた。そのため、1870年にコースの拡張が決議され、当時ゴルフコース設計の第一人者と云われていたトム・ダン（Tom・Dan）に設計を依頼した。

　トムが2週間ほどで設計したコースは19ホールで、スタートから10ホール目でスタート地点に戻り、11ホールから再スタートして19ホール目に再びスタート地点に戻るものであった。この設計はこれまでのコースにはないもので、会員たちは大いに満足した。しかし、コース

（写真提供：秋山真邦氏　オールドコース№9　水飲み場）

が出来上がってプレーを始めてみると、アウトとインでホール数が違うためハーフラウンドのスコアに差が生じて、会員達から苦情が出るよう

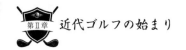

になった。そこで、アウトとインを10ホールに揃える案が出されたが用地の関係で実行できず、逆にアウトの1ホールを減して9ホールずつにしたのが、18ホールの始まりとする説である。

18ホールになったのはオールドコースが17年早いが、どちらも18ホールになったのは結果であって、合理的な発想から生まれたものでないことは共通している。しかし、トム・ダンの9ホールでスタート地点に戻るコース設計は、ハーフラウンドの概念を生むことになり、その後のコース設計に大きな影響を残したことは間違いない。

日本では、ハーフラウンドが終わって昼食をとるのが普通になっているが、欧米ではゴルフは18ホールのスループレーが基本であり、ラウンドの途中でハウスに戻って食事や休息する習慣はない。

以前の話になるが、オールドコースは9番ホールを終わったところに水道の蛇口が一つあるだけで、他には何の設備もなかった。

脚注
(1) ロンドン郊外で1865年に軍人によって「ロンドン・スコティッシュ・ゴルフクラブ」が創設された。後になって市民ゴルファーが増えて1881年に同じコースで「ウインブルドン・ゴルフクラブ」を創設し、エドワードⅦ世によってロイヤルの称号が与えられた名門倶楽部である。

6 パー（Par）の起源（1890年）

ゴルフは元々個人または少数の人たちが、マッチプレー[1]で対戦する競技で、コースと対戦する思想はなかった。18世紀中頃になると、多くの選手が参加するクラブ競技が開催されるようになり、これまでの、少人数を対象としていたマッチプレーでは対応できなくなっていた。この状況の解消法として、英国のコンベイ・ゴルフ・クラブのヒュー・ロザーハムが、1890年にホールごとに標準スコアを設定して、ストロークプレー[2]によってコースと対戦する競技方法を発案したと云われている。

標準スコアとは、上手なゴルファーが失敗することなくプレーした打数で「グランドスコア（Ground score）」と呼ばれた。

　当時はまだホールマッチの時代であったが、この新しい考え方を理解して、最初に取り入れたのがGreat yarmouth Golf clubの理事長Mr.Browneと云われている。Mr.Browneが新しい競技方法でプレーをしたときに同伴した、Mr.CA.Wellmanが標準スコアという見えない仮想の敵をボギー・マン（bogey man）と呼んだのが、英国で標準スコアを「ボギー」と呼ぶきっかけとなったと云われている。

　この「ボギー・マンの語源は16世紀の頃にスコットランドで、「幽霊とか悪魔」と云う意味で広く使われていた言葉である[3]」。

　現在、標準スコアを表わす言葉として使われている「パー（Par）は、英国で株取引に使われていた言葉」で、平均的な値を示す言葉である。1870年にゴルフ記者のMr.Dolemanがプレストウィックで行われた第11回全英オープンの記事に、ミスのないプレーを「Prestwickのパー」と報道したのが、ゴルフ競技で初めてパーを使った記録として残っている。この記録が示す通り、ゴルフの標準打数としてパーを最初に使ったのは英国人であるが、R&Aはパーをゴルフ用語として使うことはなく、英国に於ける標準スコアの表現は、その後もボギーであった。

　一方、全米ゴルフ協会（USGA）は、1911年に標準スコアを表す言葉としてパー（par）を公式に発表した。USGAがR&Aと異なる表現を独自に発表したことは、ゴルフの世界的権威と自負するR&Aにとっては思いがけないことであった。R&Aはその後もパーをゴルフ用語として使うことはなく、パーを公式に使ったのは1998年の全英オープンの時に「開催コースのロイヤル・バークデールのパーは70である」と発表したのが初めてであった。アメリカでパーを使い始めてから87年後のことであった。なお、英国で標準スコアを表したボギーは、パーより1打多いことを表わす言葉として使われるようになった。

　ゴルフ規則裁定集には、1996年まで付属規則Ⅳに「パーの算定」として、パー3は244yd以下、パー4は225〜425yd、パー5は426〜600ydと、一応のガイドラインが示されていたが規定されたものではなく、2000年

のルール改定によってパー算定の参考距離は削除された。

　脚注

（1）対戦相手とホールごとの勝敗を競い、より多くのホールを勝ったプレイヤーがマッチに勝つという競技方法である。

（2）定められたホール数を最も少ない打数でホールアウトした競技者を優勝とする競技方法である。

7 ホールの規定（1891年）

（ウサギの掘った穴。周りに糞が見える）

　ゴルフの始まりはスコットランドの羊飼いたちが、ウサギが掘った穴を狙って、杖で石ころを打ったのが始まりと云われている。その後、リンクスランド⁽¹⁾の放牧地で比較的平らな場所を選んで、適当な大きさのホールを自分達で掘って遊ぶようになった。その頃から、

19世紀に入るまでホールの大きさに決まりはなく、それぞれのコースで、グリーンキーパーの裁量によって掘られていた。当時のパッティンググリーンには、現在のようにホールを保護するホールカップなどはなく、プレイヤーがホールからティーアップのための砂を摘まみ上げるたびに、ホールの縁は崩れて形も大きさもバラバラになっていた。その頃のホール周辺を想像すると、「ホールの周りの草丈は不均一で、近くにはティーに使った砂が散乱して、ティーショット跡のディボットマークだらけ」であったはずで、ホールを狙ってボールを打つのは至難の業であったに違いない。現在のように滑らかに整備されたパッティンググリーンしか経験のない我々には、全く想像できないプレーを強いられていたのであ

る。それを改善したのがトム・モリスであると云われている。一時ある事情でセントアンドルーズを離れていたトム・モリスが、オールドコースのプロゴルファー兼グリーンキーパーとして呼び戻されたのが1865年であった。帰ってきたトム・モリスは、プレストウィック[2]でのコース管理経験を活かして、オールドコースの改善を進めていた。ある時、トムは17番ホールの横に転がっていた水道管を切って、ホールに埋め込んだら丁度良い大きさである事を発見した。水道管を埋め込んだホールは縁が崩れることもなく、すべてのホールの大きさも揃えることができた。これがホールカップの起源となり、多くのコースがオールドコースに倣った。しかし、1830年頃には他のコースでも土管などを使っていたとする説もあり、トム・モリスの発案が最初であったかどうかの確証はない。1891年になって、R&Aはトム・モリスが使った水道管の直径4.25吋（10.8㎜））を、ホールサイズとしてルールに規定した。それ以降、ホールサイズは変わることなく現在に至っている。なお、セントアンドルーズ市の水道管の直径は今も4.25吋だそうだ。

（ウィンカーバスケット）

　また、ホールの位置を示すポールには、遠くから見えるように旗が付けられているが、19世紀の初めの頃はポールの頭に付けられていたのは旗でなく、柳の細い枝を丸く編んだ小さな籠が取り付けてあり、ウィンカーバスケットと呼ばれていた。それを遠くから見れば、夫人のツバ広帽子を止めるハットピンに似ていたので、それが語源となって「ホールピン」と呼ばれるようになったと云われている。今でもアメリカのメリオン・ゴルフクラブでは、ウィンカーバスケットが使われているそうだ。

　日本でも、川奈ホテルの大島コースで昔使われていたそうだ。ウィンカーバスケットは旗のように風になびかず、プレイヤーは風を読む技量も求められた。JGA発行の「ゴルフ規則」の用語の定義18には、「旗竿とは、ホール位置を示すためホールの中心に立てられた動かせる垂直の標識をいい、旗などがそれに取り付けられているかどうかは問わない」

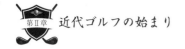

と規定されている。

脚注

（1） 海岸と内陸部の中間の砂丘地帯。リンクスは海岸線に自然を利用して作られ
たゴルフコースの代名詞として使われている。

（2） スコットランド南西部のサウス・エアシャー州に1851年に開場。
1860〜1872年迄全英オープンを主催。初代のグリーンキーパーはトム・モリ
スであった。

8 ティーイングエリアの起源

（ティーアップ用砂箱）

ティー（Tee）の語源はケル
ト語 [1] の "house"（住居、家）
という意味の "taigh" ではないか
と云われている。ティーの呼称
が残る最初の記録は、1744年に
作られた最古のゴルフルール「エ
ディンバラの13条」で、第1条
に「ティーはホールからワンク
ラブ以内にセットすること」と
定義されたものである。

当時、ティーイングエリアとして限定された区域はなく、プレイヤー
はプレーの終わったホールから一つまみの砂を摘まみ上げて、ホールか
らワンクラブ以内にその砂を盛上（Tee・UP）げて、その上にボール
をのせて打っていた。当然、ホールの周辺は砂とディボットマークによっ
て荒れた状態であったはずである。その後、1875年になって、セントア
ンドルーズのオールドコースのキーパーであったトム・モリスによって、
初めてティーアップのためのエリアが設定されたと伝わっている。

そしてティーイングエリアの近くには、ティーアップのために砂箱が

置かれるようになった。現在もティーイングエリアの近くに砂箱は置かれているが、これはショットによってできた、ディボットマークを埋めるための砂入れである。また、各ホールに距離の違う複数のティーイングエリアがあるのは、ハンディキャップがない時代に、上手な者は後ろから、下手な者は前からプレーした名残である。後方をタイガーティーと呼び、前方をラビットティーと呼ばれていたが、ティーを変えてもラビットは結局タイガーの餌食であることに変わりはなかった。コースの区分について、ゴルフ規則の第2章「用語の定義」59項に「スルーザグリーンとは、次のものを除いたコース内のすべての場所をいう。a.プレー中のホールのティーインググランドとパッティンググリーン。b.コース内のすべてのハザード」と記されており、我々が通常口にしているフェアウエイやラフなどの区分を示す言葉はルール上にはない。

　コースにティーアップのための区画を最初に設けたのはトム・モリスとする説があるが、パッティンググリーンと呼ぶ区画がいつ頃に設定されたのか、それを示す資料は見当たらない。

脚注
（1）古代ギリシャ時代にヨーロッパ中部から広がったケルト人の言語。アイルランドでは公用語に英語とケール語が使われていた。

9 ティーペグの始まり（1889年）

スコットランドのウィリアム・ブロックソム（William Bloxsom）とアーサー・ダグラス（Arthur Douglas）は、ティーアップのためにボールを乗せる用具とし

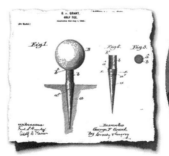

（ティーペグの発案者の一人　ジョージ・フランクリン・グラント）

て、ゴムで作った3本脚のティーペグ（TeePegs）を考案して、1889年に特許を申請した。また、米国では1896年に紙で作られた円錐形のティーペグを特許申請した記録もある。現在のティーペグの形に最も近いのは、米国のボストンに住むアフリカ系のアメリカ人歯科医師、ジョージ・フランクリン・グラント（Dr george franklin grant）が1899年に発明したもので、木製で円錐形の胴体とゴムの台座によってできていた。但し、これが製品化されたという記録はない。

それから20年ほど経った1920年頃に、米国のサウスオレンジに住む老歯科医のウイリアム・ロウェルが、木製のティーペグを考案して特許を取得している。息子のアーネムトはこのティーペグを多量に試作して、無料でゴルファーに配ったが不評に終わった。しかし、アーネムトは諦めず、2年後に米国のトッププロであったウォルター・ヘーゲントとカークランドに、このティーペグを試してもらった。その結果、2人に使い良さが認められて、瞬く間に世界に広がったと云われている。ティーペグの開発には他説も多いが、何故か米国でティーペグを開発した2人が歯科医であったのは、偶然であったのか、それともティーペグと歯の関係が似ていたからかも知れない。

10 芝刈りの進化

ゴルフはスコットランドの羊飼い達が始めたと云われているが、彼らにはゴルフのために草地を刈込む発想はなかった。当時、リンクスの草丈を低く保つのはもっぱら羊や兎の動物まかせで、人がすることと云えばホールの近くに落とされた動物の糞の掃除ぐらいであった。

（写真提供：㈱ミクニグリーン .S.1830 年製造の芝刈り機）

世界で最古の管理された芝地は、イングランドのサウサンプトン・ローン・

ボーリング場（1299年〜現在）と云われているが、本誌ではゴルフに限って述べていきたい。

　1700年代に入ると、フランスで短く刈り込んだ芝地が初めて登場した。その頃にはまだ芝刈り機はなく、刈込には農業用のサイスと呼ばれる大鎌が使われていた。サイスは昔から「死神の鎌」と呼ばれた道具で、1.8mほどの長い柄の先に刃渡り30〜35㎝の薄い鎌が付いたものである。これを地面すれすれに滑らせるように刈るのだが、広いコースを刈るためには熟練した職人が多く必要になるため、結局、コースの芝地を短く維持するのは、その後も羊や兎に頼る時代が続いた。日本でも戦前はもちろん、戦後もしばらくの間はサイスが使われており、程ヶ谷カントリー倶楽部の元グリーンキーパーの角田は「先輩達から、コース管理の仕事は大鎌を上手に使えて初めて一人前だと、よく云われたもんだ」と、当時を回想している。

（1916年頃、2頭の馬でリールモァをけん引している光景）

　1800年代に入ると芝刈機が発明されるようになり、最初に芝刈りを機械化したのは、英国のエドウィン・ビアード・バディングであった。

　エドウィンは、1830年に絨毯の毛羽立ちを刈る機械を見て、芝刈りに応用できると考えた。エドウィンの芝刈機は、鋳物の車体に数枚のブレード（刃）を付けた円筒状の回転刃と、固定した下刃を取り付けたもので、回転刃と下刃の間に草を挟んで刈るものであった。

　エドウィンは同年8月31日に特許を取得して、友人のジョン・フェラビーと共同で芝刈機を製作した。最初に製作した2台はロンドンのリージェントパーク動物園とオクスフォード大学に納入された。その時の芝刈機は幅19吋（480㎜）の狭いもので、動力は付いておらず、刈込は芝刈り機の前にロープを掛けて人力で引張り、後ろで操作する2〜3人掛のものであった。後に、エドウィンのライセンスを得て最も成功したのは、当時は農業機械メーカーであったランサム・オブ・イプスウィッチ社である。

同社はその後にランサム・ジャコブセン社となり、世界的な芝刈機メーカーとなった。また、米国のジャコブセン社は、1968年に3連モァー「グリーンキング」を発売している。1977年にサザンヒルズCCで開催された全米オープンでは、グリーンを3連モァーで刈込んでボールの転がりを当時最速の9フィートを出している。

芝刈機は1830年に初めて発明されてから、200年近くなるが、回転刃と下刃の基本的な構造はほとんど変わっていない。その後は、高性能のエンジンの搭載や機械の大型化、油圧系の進歩や操作性の向上など、作業の効率化がすすめられた。近年ではモーター駆動による環境への配慮や、草丈を0.何mm単位で刈込む事の出来る高性能グリーンモァーの開発、さらにGPSを使った無人芝刈機など、さらに進化を続けている。

芝刈機の進化史。

＊1830年：英国のエドウィン・ビアード・バディングは世界で初めて芝刈機を発明して、同年8月に特許を取得した。

＊1842年：英国のアレクサンダー・シャンクスが27吋のポニードローリールと呼ばれた芝刈機を発表した。

＊1868年：米国のアマリア・ヒルズが、幅広の芝刈機（ギャングモァー）の特許を取得した。本機は馬で牽引するため、蹄で芝生を傷めないように革製の特大ブーツを履かせた。

＊1870年：米国のエルウッド・マクガイアーは、軽量の手押しのモアーを量産して家庭用芝刈り機として商業的に成功した。

（写真提供：㈱ミクニグリーン：RANSOMES 社の自走モァー）

＊1890年：英国のジェームズ・サムナー・ランカシャーによって、初めて自走する芝刈機（小型蒸気動力を搭載）を発明して特許を取得したが、作動圧力になるまで数時間を要するため実用的ではなかった。

＊1899年：米国のジョン・アルバート・バーによって、刃が水平に回転する芝刈機（ロータリーモア）を発明して特許を取得した。このモァの基本構造は現在も変わっていない。

＊1902年：英国のランサム社がガソリンエンジンを搭載した自走式の芝刈機を開発した。

＊1919年：米国でIdealPowerMowerCoによって初めてガソリンエンジンを搭載したモァーが発売された・

＊1919年：米国で複数のギャングモァのユニットを馬で牽引するモァーが販売された。

＊1921年：英国のAtco社は22吋のモーターモアを開発して900台を製造した。5年後には数万台に増産したが、同社の基本はエンジンモアであった。米国のジャコブセン社ガソリンエンジンを搭載したリールモアを発売。

＊1959年：オーストラリアのVicts社によって刃が水平に回転する芝刈り機が製造された。

＊1959年：日本で芝刈り機メーカー共栄社が設立された。

＊1964年：米国のカール・デールマンがホバーモアを開発して「flymo」と名付けられた。

余話

　芝刈機が発明される以前の草刈は、大勢の牧童たちがサイス（Scythe）と呼ばれる大鎌を使って刈っていた。サイスは昔から「死死神の鎌」と呼ばれていた道具で、使い方は腰にぶら下げた研ぎ棒で薄い刃を頻繁に研ぎながら、地面すれすれに鎌を滑らせて草を刈るもので、熟練した技術が求められた。サイス

の形状はS字のシャフトのものがアメリカンサイスで、持ち手がまっすぐのものがイングリッシュサイスである。R&Aには今もサイスを用いてグリーンを刈る写真が飾られている。また、英国では毎年6月に「サイス・フェスティバル」が開催されている。この催しはサイスを使って芝を刈るのと芝刈機ではどちらが早いかを競うもので、サイスを使って機械に挑む姿は大変人気がある。しかし、人が勝負できるのは100㎡ほどで、それ以上は機械にはかなわないようである。その他にも「英国芝刈機レース協会」が主催する、50年以上続いているスピードレースがある。こちらは「スポンサーを付けない、商業主義にならない、賞金を出さない」が前提で、5月~10月の間にイギリス各地で開催して利益は慈善団体に寄付している。

11 ハンディキャップの始まり（1925年）

　　JGAはハンディキャップの目的を「技量の異なるプレイヤー同士が公平な基準で競い合えるようにすることにより、ゴルフをより楽しめるようにすることです。ハンディキャップは、プレイヤーの技量を数値で表し、年齢、性別、実力の異なるプレイヤーがゴルフゲームで対等に競うことができるように考えられています。そのため、ハンディキャップは直近のプレイヤーの技量を表したものとなるよう、その技量に応じて変化しなければなりません。従って、ハンディキャップには段位や名誉といった考え方はありません。」としている。

　　ハンディキャップの語源には多くの説があるようだが、ここでは次の3つの説を紹介する。

1）英国のシップリー英語語源辞典には「ハンディキャップは英国の古いゲームに由来する言葉である。官僚のサミュエル・ピープスが残した日記に、1660年9月19日に「二人が物々交換を始めるとき、審判が安価な方に足し前（boot）を帽子に入れることを提案して、互いの品物の価値を公平に保った。そのときの言葉（Hand-in-cap）

がなまってハンディキャップ（Handicap）と呼ぶようになり、安価な物は弱いことを意味して、不利な条件を指す言葉として使われるようになった」と記されている。

2）仲間と一緒にパブで一杯飲むとき、裕福な人もそうでない人も、それぞれが出せるだけのお金を、他人に見えないように帽子の中に（Hand-in-cap）入れて、集まったお金で誰に気兼ねすることなく酒を飲んだのが、ハンディキャップの始まりとなった。

3）1754年頃、イングランドの競馬界では、早い馬に重い荷物を背負わせて、遅い馬との力の差を公正に保つ行為を「ハンディキャップ」と呼んだ。

　他にも説はあるようだが共通している概念は、強者と弱者の差をなくして公平な立場を保つことであり、その起源は11世紀に活躍したテンプル騎士団によって生まれたとも云われている。また、日本でも新渡戸稲造の著書、「武士道」に同じ思想が述べられている。

　ゴルフでハンディキャップ（HDCP）に関する古い記録としては、18世紀初頭のプロゴルファー、アラン・ロバートソンの紹介記事の中に、「あるとき彼は、対戦相手に与えなくてはならないHDCPを少なくするために、自分の能力未満でプレーするなどの駆け引きもしていた」と記されており、この頃にはHDCPの概念がゴルフに持ち込まれていたことを示している。また、両者の力量差を縮めるために、上手な者は後方にティーアップして、下手な者は前方にティーアップして球を打っていたが、何回やっても下手な者は上手な者に勝つことはなく、距離の差はHDCPとしてあまり機能していなかったようである。他にも、上手な者がクラブの本数を制限したり、下手な者が予めホールを選んで、適当な打数を加算するビスク[1]（Bisque）方式なども考案されている。

　また、競馬界では馬の力量の差をオッズ[2]（Odds）と表現しており、ゴルフ用語としてHDCPがまだ使われていなかった時代には、ゴルフ界でもオッズが使われていたようだ。

　1800年代後半に入ると、具体的なHDCPシステムが検討されるようになり、スクラッチプレイヤー[3]を0として、他のプレイヤーとの打

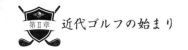

数差をHDCPとして使うようになった。

　なお、英国でHDCPシステムを最初に制定したのはR&Aではなく、1890年にレディースゴルフユニオン（Ladies Golf Union（以下LGU））が始めたものである。このシステムの特長は、これまで各々のクラブで決定していたHDCPをLGUが統一して査定したことで、これによって各クラブとの共通HDCPが生まれたことである。男子はこれより遅く、1924年に「英国ゴルフユニオン合同諮問委員会」（British Golf Unions Joint Advisory Committee）を発足させて、英国及びアイルランドの各ゴルフコースのコースレートを統一基準で査定して、公平なHDCPシステムの制定に着手した。これらは1926年に「Standard score and handicapping scheme」と明文化されて、1960年には組織名を「Council of National Golf Union（CONGU）[4]」と変えて活動している。

　その頃HDCPは、米国USGA、ヨーロピアンEGA、アルゼンチンAGA、南アフリカSAGA、ゴルフ・オーストラリアGA、英国ナショナルゴルフユニオンCONGU、の6機関が独自のHDCPを発行しており、国際試合で度々トラブルが発生していた。

　米国のUSGAは、1911年にトーマス・ジ・マクマホンが考案した、スコアとコースレートの間にディファレンシャル[5]を用いるハンディキャップシステムを基にして、1963年にHDCP規約を制定した。これが現在のHDCPシステムの基礎となった。

　1970年代に入ってUSGAは、より公平なHDCPシステムの研究を始め、1987年にHDCP委員会を発足させて世界共通のシステム制定に取り組んだ。2011年にR&AとUSGAは、ゴルフの主要統括団体として世界共通のHDCPシステムの構築を進め、2018年には「ワールド・ハンディキャップ・システム（WHS）」の導入を決定して、2020年から開始すると発表した。なお、新システムは既存の6つの機関によって地域ごとに運営される予定になっている。

　米国のNational Golf Foundation[6]（NGF）は、「ゴルフ基礎原論の第4章」にHDCPの概念として、「弱者に対する平等意識が根底にあり、いかにして公平な勝負のシステムを構築できるかが重要なテーマである。

HDCPは、強いものと弱い者が公平な立場で戦えるように考えられたシステムで、ゴルフの世界に理想の民主社会や平等社会を現実にしようとしたもので、善良なるゴルファーたちの努力の結晶としてゴルフ史に残るであろう」と記されている。

　さらに「ゴルフがキリスト教価値観に支えられた、ジェントルマンシップ[7]に基づくスポーツゲームである限り、闘争心をむき出しの争いや、倫理と道徳なき泥試合は避けなければならない。そして、私たちはHDCPシステムの中に、人間の崇高なる理念や叡智を見出し、ゴルフ特有の深い歴史や文化を感じざるを得ないのである」と書かれている。

　余話
　日本では1940年（昭和15年）頃には、プロにもHDCPが認められた時代があった。HDCP 0 が安田幸吉、林萬福、陳清水、浅見緑蔵、中村寅吉、藤井武人、小池国喜代など。HDCP 2 が鈴木源次郎、ハンディキャップ5が林由郎、小松原三夫、棚網良平、染谷彰一であった。これらのHDCPは、当時行われていたプロゴルファーの月例競技の成績を参考に決められていた。また、アマチュアでは久保田瑞穂2、山形晋2、浅野良三4、近衛通隆7、などの記録が残っている。

　脚注
（1）プレイヤーが上手な相手から与えられたハンディの範囲で、任意のホールに1~2打を加算できるシステムで、そのホールは相手に事前通告しなければならない。
（2）確率論で確率を示す数値。ギャンブルなどで見込みを示す方法として古くから使われてきた。
（3）そのクラブで最もゴルフが上手な人。ハンデを受けないアマチュアプレイヤー。
（4）アイルランドゴルフ協会・スコットランドゴルフ協会・ウェールズゴルフ組合・R＆Aで構成する。公平なハンディキャップシステムの統一基準の制定の機関。
（5）米国のUSGAで開発されたより公平なハンディキャップシステムで、調整後

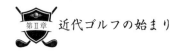

のグロススコアと標準レーティングの差であり、ハンディキャップ更新・維持のための様々な用途に用いられる。

(6) 1936年に設立したアメリカのGOLF振興財団で、ゴルフ界及びスポーツ関連企業（300余社）からの基金で設立された「ゴルフの健全な発展」を目的とする組織。

(7) 経済的な裏付けがあって良識があり気骨と品位を併せ持つ人物。

12 コースレートの始まり

　コースレートとは、スクラッチプレイヤーが査定コースを10ラウンドした時の平均スコアで、ゴルファーのハンディキャップの算定の基礎として用いらる。このシステムは1924年に「英国ゴルフユニオン（現CONGU）」によって始められたもので、これまで各々のコースで決めていたハンディキャップを、各コース共通のハンディキャップとして公正に算出するためのシステムである。コースレートはコースの難易度を数値で表したもので、数値が大きいほど難度の高いコースとなり、数値が低いほど難度の低いコースとなる。

　日本では、コースレートの決定は「日本ゴルフ協会（JGA）」が行っている。その方法は、コースレート査定基準に則って、当該コースの距離から難易度を算出し、さらにスクラッチプレイヤーによって編成されたコースレート査定チームが、実際にコースをプレーして難易度を実証する。コースレートは一般的に距離が長い方が高くなるが、その他にもコースの打ち上げや打ち下ろしの大きさ、グリーンやフェアウエイのアンジュレーション、バンカーや樹木の配置、さらには慢性的な風の強さなども細かく査定して、それらを数値化してコースレートが決定される。

　また、リンクスやシーサイドコースなどは風の影響を受けやすく、セントアンドルーズのオールドコースや米国のペブルビーチなどは、その日の風によってコースレートが全く異なると云われている。日本でも川奈ゴルフ倶楽部や大洗ゴルフ倶楽部などは、風がなければコースの面白

さが半減するとも云われている。それらのコースではプレーする日の風によって、表示されたコースレートとは異なったコースとなる。ちなみに、コースレートの査定は公平さを保つため非公開で行われている。

　また、コースレートと似た指数に「スロープレーティング（Slope rating）[1]」がある。これは、ハンディキャップ０（ゼロ）の人には簡単なコースでも、飛距離のない一般的なゴルファーにとっては難しいコースである事を表した数値で、標準難易度（スロープレーティング113）よりも大きい数値は難易度が高くなります。

　例えば、コースレートが68.0で、スロープレートが125のコースの場合、上級者には簡単なコースで、一般ゴルファーには難しいコースであることを示している。このシステムはコースレーティングをさらに公平化したもので、ゴルファーの技量に応じてレーティングを傾斜（slope）させていることから「スロープレーティング」の名が付いている。このシステムの研究は1970年頃から米国のUSGAによって始まり、1977年に米国のディーン・クヌーク博士らによって完成された。

　JGAは「コースレートはクラブのグレードやコースの良し悪しには全く関係なく、コースレートはあくまでゴルファーのハンディキャップ査定のための基準値である」として、コースの良し悪しや格付けなどに用いるべきではないと指導している。

　脚注
（1）ハンディキャップが20前後のアベレージゴルファーを基準とした場合のゴルフ場の難易度を示す数値のこと。数値は55から155まの数値で表記され、平均値は113と言われている。

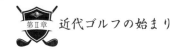

13 -1ゴルフボールの始まり

　記録に残るスティック＆ボールの球技は、古代ギリシャの壁画に描かれている「パガニカ（Paganica）」と呼ばれる球技が最も古いとされている。その壁画から、使われていたボールの直径は約5吋（12.5cm）と推測されている。また、中国には943年に南唐で発行された書物に捶丸（ツイワン）と呼ばれた球戯の記録が残されており、10世紀頃のものと推定される。また、ゴルフボールに似たディンプルのある陶磁器製のボールも発掘されている。

（写真提供：奈良文化財研究所　奈良時代の木球）

　日本でも、35年ほど前に奈良の平城京跡で出土した直径は4.8~5.3cmの木球がある。平城京があったのは和銅3年（710）から延歴3年（784）の間で、その後、長岡京に遷都しているので、発見された木球はその間に宮廷球技の毬杖（ぎっちょう）で使われていた物であると、奈良文化財研究所は推定している。これは、中国のツイワンより200年ほども以前のことで、日本のゴルフ起源説もまったく根拠のない話でもないが、毬杖は宮廷球技のままで他の球技へと進化することはなかった。

　1244年にはゴルフの起源説の一つと云われる、フランスで「クロス」と呼ばれた球戯の記録があり、使われていたボールの直径は6cmで、重さは150gの硬質ゴム製であった。1360年頃にベルギーで「コルベン（kolven）」と呼ばれた球技に使われたボールは、皮袋に動物の毛や糸クズなどを詰め込んだものや、木を丸く削った木球であったとされるが、詳細は不明である。17年後（1387年）にベルギーの球技は隣国オランダに伝わり、「コルベン（kaolven）またはコルフ（kolf）」と呼ばれるようになった。使われていたのはヘアリー（hairy）と呼ばれる3枚の牛の

皮を縫い合わせて牛の毛や藁を詰め込んだボールや木球が使われていた。

　オランダの記録には、「14世紀に入ると、クラブやフェザーボールをスコットランドに輸出するようになり、15世紀初頭にはフェザーボールの製造はオランダの一大産業となって、デレフト、アムステルダム、ロッテルダムの各都市で年間4万個が作られた」と残されている。また、スコットランドの1457年の記録にも、「フェザーボールはオランダからの輸入に頼っていた」と記されており、当時、オランダがゴルフ用具の生産国であったことを裏付けている。

　しかし、1618年になって14世紀初頭から続いていたオランダからのゴルフ用具の輸入を、スコットランド国王ジェームズⅥ世は、すべて禁止して国産することを決定した。そして、エディンバラのジェームズ・メルビルとウイリアム・バーウィックの二人に、21年間のボール製造販売の独占権を与えた。条件として、ボール1個の価格を4シリングとすること、すべてのボールに登録商標を付けることなどを命じている。

　当時、労働者の平均週給は凡そ7シリングで、フェザーボールは庶民が手にすることのない貴重なものであった。また、「ボール1個を盗んだ少年が絞首刑に処せられた」と云う逸話も残っている。

　その頃作られていたフェザーボールの直径は約1.5吋、重さは約1.5オンスで、その後ボールサイズは大きく変わる事はなく現在に至っている。現在ボールの基準はR&Aによって直径1.68吋、重さ1.62㌉以上と規定されている。

「フェザーボールの作り方」
　①ミョウバン水に浸した3〜4枚の牛皮か馬皮を球状に縫い合わせる（一部開けておく）。
　②山高帽一杯分のガチョウの綿毛を湿らせて①に強く詰め込み穴を閉じる。
　③乾燥したボールをハンマーで打って形を整える。
　④牛の蹄から採った油を塗って防水する。
　⑤白い顔料を3回塗って乾燥する。

（フェザーボール製造）

完成したフェザーボールを乾燥すると、中に詰めた羽毛は膨張して表面の皮は収縮するため、羊の角ぐらいに固くなったと表現している。フェザーボールの製作は熟練した職人でも一日3個か4個しか作れず、上手くできたボールは「雪のごとく白く、鉛のごとく硬く、鯨骨のごとく弾む」と詩に残っている。

その頃、セントアンドルーズでフェザーボールの製造販売を家業としていたプロゴルファーのアラン・ロバートソンは、「フェザーボールを、1840年に1021個、1841年が1392個、1884年に2456個、を作った」とする記録が残されており、当時のゴルファーの推移が表れている。

次に作られたボールが「ガッティボール」と呼ばれるもので、セントアンドルーズ大学のロバート・アダムス・ペーターソン教授によって考案されたものである。きっかけは1843年に教授の元にシンガポールから送られてきた石像の梱包材に、マレーシアで採れる樹脂を乾燥させたゴム状のガッタパーチャが使われていたことである。ある時、教授がガッタパーチャは熱すると柔らかくなり、冷めると硬くなる特性があることを発見し、これでゴルフボールを作ることを思いついた。早速、教授はガッタパーチャを熱して手で丸めて、ゴルフボールを試作した。1845年の4月に試作したボールをオールドコースで試打して、ゴルフボールとして使えることを確認した。翌1846年に兄のラーダーと共同で「Paterson Composite Golf Ball」と名付けて特許を申請したが、ガッタパーチャを熱して手で丸めただけのボールでは特許は認められなかった。初期のボールは表面が卵の殻のようにすべすべしたもので、弾道は不安定で飛距離もフェザーボールに劣り、ロンドンの試験販売では不評に終わった。

1860年頃になって、ガッティボールは使い続けて、表面に傷ついたボールの方が新品より飛ぶと噂されるようになった。それを聞いた馬具職人

が、先の細いハンマーでボールの表面に網の目状に傷を付けたら、新品で傷のないボールよりも方向性が良く飛距離も伸びた。それがディンプルの起源である。その後、ガッティボールは鋳型で製造されるようになり、網目状とか丸い突起など様々な模様が付けられて販売されるようになった。しかし、傷ついたガッティボールの性能が何故上がったのか、理論的に追及されることはなく、結果だけが認められた。

（量産型ガッティーボール）

　鋳型で多量に製造されるようになったガッティボールの価格は、フェザーボールの4分の1ほどで、しかも耐久性があり、ボールが傷ついても簡単に修復することもできた。その安価なボールの出現が、庶民ゴルファーを急増させるきっかけとなった。

　一方、今までのウッドクラブは硬いガッティーボールを打つ衝撃に耐えられず、クラブもボールとともに進化するようになった。

　それから50年ほど後に、米国のクリーブランドで自転車のタイヤを販売していたコバーン・ハスケルが、取引先のゴムメーカー[(1)]を訪ねた時に廃棄物の細いゴム糸を見て、それをゴム芯に巻き付けてその上をガッタパーチャで覆ったボールを試作した。翌日、そのボールをプロゴルファーのジミー・ミッチェルに試打してもらったところ、ボールはガッティボールよりも20~50ydも飛んだ。早速、ハスケルはゴムメーカーのバートラム・ワークと連名で「Haskell Rubber core Ball」と名付けて特許を出願し、1899年4月11日に認可された。

　数日後、シカゴ・ゴルフクラブに来ていたイギリスの名手、J・H・テイラー[(2)]に、ハスケルボールの試し打ちを依頼したところ、240ydのホールをグリーンオーバーしてテイラー自身を驚かせた。

　この頃はボールに関する規定はなく、1901年の全米アマチュア選手権で、予選通過した27名の内24名が新しく開発したハスケルボールを使用

していた。この結果に自信を持ってイギリスにサンプルを送ったところ、意外にも散々な酷評を受けてサンプルはすべて送り返されてきた。R&Aの規則委員でゴルフの伝統を重んじるジョン・ロウ[3]は、「よく飛ぶボールがゴルフの伝統にとって良いボールとは云えず、無益な発明である」と語っている。しかし、一般のゴルファーは飛距離の優れたハスケルボールを我先に買い求めた。

　米国のスポルディング社は、1902年にハスケルボールの特許権を取得して、大量のボールをロンドンに送り込んだ。結果は大成功で短期間に完売した。また、1904年には表面に突起のあるブランブル（凸型の模様）のボールも発売されるなど、ボール表面に様々な工夫がなされた。当時は、ボールの大きさや重さに規定はなく、スポルディングがライセンスを得て作ったボールの直径は、1.64吋、重さは1.35オン・1.45オン・1.50オン・1.55オンの4種類で一番軽いボールは水に浮いた。

　そして、1905年にはイギリス人のウィリアム・テーラーによって表面が凹型模様（ディンプル[4]）のボールが初めて作られた。そのボール模様は、どのボールよりも飛距離と方向性に優れており、1908年に特許を取得している。そして、1930年頃にはボールの表面模様はディンプルが標準となった。ハスケルボールの出現によって、これまで約50年間使われてきたガッティボールの時代は終わり、ハスケルボールはその後70年近く使われた。結局、英国ではハスケルボールの特許は認められないまま終わった。

　　余話
　日本で最初にゴルフボールを製作したのは、三井船舶の技術者であった前田英一である。昭和32年発行の『岡山県の輸出産業の実態』には、「岡山県の輸出品の1つにゴルフボールがある。興栄護謨株式会社（玉野市築港）は、昭和8年に個人企業としてゴルフボールを製造した日本で最も古いメーカーであり、戦前より"ファーイースト"の名で知られている。（中略）戦後は昭和23年より進駐軍向けにボールの販売を始め、その真価を認められて昭和25年にカナダに輸出して、昭和26年にはアメ

リカへ輸出した」と紹介されている。

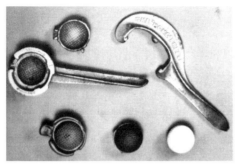

(写真提供：神戸ゴルフ倶楽部：HomePress)

　1850年頃にはガッティボールの製作キットが販売されており、こうした器具を使ってボール作りをするのも、ゴルファーの楽しみの一つであった。

　ガッティーボールのつくり方。

　①ガタパチャを熱湯の中で軟化させる。

　②軟化したガタパチャを手で丸めてプレス器に入れて圧縮する。

　③容器ごと水で冷やしてガタパチャを硬化させる。

　④表面に塗料して乾燥させる。

　脚注

（1）クリーブラントに近いアクロン市にあったグッドリッチ・ゴム工場

（2）1871~1963　イングランド生まれで全英オープンに4回優勝。

（3）1869~1929　R＆Aの規則委員長を20年間務めた。

（4）ボール表面の気流圧力を減して飛距離と軌道の安定に効果がある。

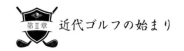

13-2ボールサイズの規定（1920年）

　1850年頃まで使われていたフェザーボールは、直径が約1.5吋、重さが1.5オンスを目安に作られていた。1845年に新しく開発されたガッティボールの直径はフェザーボールを倣って、1.5吋から1.7吋で、重さは1.35オンスから1.55オンスであった。また、1900年頃に発明されたハスケルボールの直径は1.64吋で、重さは1.35オンスから1.55オンスまでの4種類が作られた。

　結局、ゴルフボールのサイズはフェザーボールの頃から400年ほどの間、大きく変わる事はなかったが統一されたこともなかった。

　ボールサイズを初めて規格化したのはR&Aで、1920年にボールの直径は1.62吋（41.15mm）以上、重さは1.62オンス（45.93g）以下と規定した。一方、USGAは1930年になって、R&Aの規格と異なる直径1.68吋（42.67mm）以上、重さは1.55オンス（43.94g）以下とする独自の基準を制定した。USGAは1932年にはボールの重さをR&Aに合わせたが直径の変更はなかった。そのため、R&Aサイズをスモールボール呼び、USGAサイズをラージボールと呼ぶ、規格の異なる2種類のボールがおよそ60年間にわたって使われることとなった。

　R&Aは規格の違うボールを競技に使うのは不合理であると判断して、1974年の全英オープンからスモールボールの使用をローカルルールで禁止して、1990年にはボールサイズをUSGA規格に統一することを発表した。これによってボールの規格が、初めてジェネラルルールの付属規則Ⅲとして規定されることになった。

　また、「公認ボールは定められた基準で打ったボールの初速と、標準総合距離（キャリーとロールを合わせた距離）が一定基準を超えてはならない」と規定されている。なお、ゴルフボールの基準は飛ばない方向で規制されている。

余話
ゴルフ規則（付属規則 Ⅲ.1 通則）に、「球は伝統と習慣に大幅に反

する形状と構造のものであってはならない。球の材質と構造は規則の目的と意図に反するものであってはならない」と記されている。

　ボールの話をすると、1901年にR&Aのジョン・ロウが語った「よく飛ぶボールがゴルフの伝統にとって良いボールとは云えない」が思い出される。

13 -3ゴルフボールの進化

(1) 木球（？〜1618）
　木球は古代から多様な球技に使われていたようだが、ゴルフに使われたのは14世紀初頭と推測されている。当時、庶民ゴルファーは高価なフェザーボールを手にすることはできず、手作りの木球は、1846年に発明された安価なガッティボールの出現まで使われた。日本では奈良の平城宮（和銅3年（710）〜延暦3年（784））跡地から発掘された木球の直径は4.8〜5.3 cmで、毬杖と呼ばれた日本古来の宮廷球技に使われたものと推定されている。

(2) フェザーボール（？〜1850年頃）
　フェザーボールは3〜4枚の牛皮や馬皮を球状に縫い合わせて、その中に山高帽一杯の羽毛を湿らせて詰め込んだボールで、14世初頭にオランダからスコットランドへ輸出していた。フェザーボールに関する公式な記録は、1618年にスコットランドのジェームズVI世がオランダのフェザーボールの輸入を禁止して、国内生産を命じた記録がある。フェザーボールが最も進歩したのは17世紀中頃から18世紀中頃であった。

(3) ガッティボール（1846〜1905年頃）
　セントアンドルーズ大学のペーターソン（paterson）教授が、輸入した石像の包装材に使われていた天然樹脂のガッタパーチャを、熱して丸めたゴルフボールで、1846年に特許申請したが認められなかった。価格は

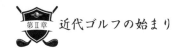

フェザーボールの4分の1以下で、庶民ゴルファーが増えるきっかけとなった。性能は飛距離や弾道にバラツキが多くフェザーボールに及ばなかったが、使ううちに傷ついたボールが新品よりも飛ぶことを発見し、ボールの表面に網の目状に傷をつけたら飛距離が伸び軌道も安定した。

(4) ハスケルボール（1899～1920）

　米国のコバーン・ハスケルが開発したボールで、ゴム芯に細いゴム糸を巻き付けて、その上をガッタパーチャで覆って鋳型で圧着したもので、糸巻ボールの原型となった。そのボールはガッティボールよりも20～50yd飛び、1899年に特許を取得した。米国のスポルディング社がライセンスを獲得して商業的に成功した。

　1908年にイギリス人ウィリアム・テーラーは表面が凹型ディンプルのボールで特許を取得して、1930年頃にはゴルフボールの表面はディンプル模様が標準となっていた。

(5) リキッドコアーボール（1917～）

　1917年になると芯に液体を注入した糸巻ボールが製造され、1920年代には芯に圧縮空気を入れた糸巻きボールなど、次つぎへと新しいボールが開発された。

フェザーボール

初期ガッティーボール

手作りディンプル

凸型のディンプル

量産型のガッティボール

ハスケルボール断面

（写真提供：神戸ゴルフ倶楽部）

14 ゴルフクラブの進化（1502年）

　ゴルフクラブは、スコットランドの羊飼いたちが持っていた杖から始まり、そのうち石ころが打ちやすい先の曲がった杖を使うようになり、さらに杖を削って使いやすくしたのがクラブの起源とする説もあるが、推測の域を出ないようである。

　一方、オランダには1485年頃にスコットランドにクラブを輸出していた記録があり、16世紀から17世紀に描かれたコルベンの絵画やダッチ・タイルも多く残されている。そこにはアイスホッケーで使う大きなクラブでボールを打つ姿や、ゴルフクラブに似たものを手に持つ少年の絵画もある。一方で1650年頃にはスコットランドからオラ

（1792年オランダで世界最古のゴルフ単行本に掲載された銅版画）

ンダにゴルフクラブを輸出している記録もあり、描かれている少年が手に持つクラブは、スコットランド製であった可能性も否定できない。

　スコットランドのクラブに関する最古の公式記録は、1502年にジェームズⅣ世が弓師のシント・ジョンストンに、クラブ代金8$\frac{シリ}{ング}$を支払った宮廷会計簿の記載である。

　また、1603年にはジェームズⅥ世が、エディンバラの名弓師ウイリアム・メインを王専属のクラブ職人として召し抱えた記録も残されている。

　当時、クラブは弓などを作る武具職人が作っており、シャフトには、トネリコ[(1)]・ツゲ・ハシバミ[(2)]などの硬い木を使い、ヘッドはナシ・モモ・バラ、などが用いられていた。

（オランダのコルベンを描いたダッチタイル）

　1613年になるとスコットランドのジェームズⅥ世は、オランダからの
ゴルフ用具の輸入をすべて禁止して、自国で生産することを決定してい
る。そして、1650年頃になると、今度はスコットランドからオランダに
フェザーボールを輸出するようになり、フェザーボールやクラブの製作
拠点はオランダからスコットランドへと移った。

　現存している最古のゴルフクラブは、スコットランドのトゥルーン・
ゴルフクラブに保存されている6本のウッドクラブと2本のアイアンクラ
ブのセットで、17世紀頃に作られたものと推測されている。

　初期のウッドクラブは1本の無垢の木から削りだしていたので、折れ
ると修理することはできなかった。その後にシャフトとヘッドのネック
部を斜めに切って接着して糸を巻いて固定するようになった。ヘッドに
孔をあけてシャフトを挿入する方法は、1880年頃にエディンバラのク

ラブ職人ロバート・フォーガンが考案し
たものである。また、メタルヘッドの歴
史も古く、ドーバー海峡をオランダから
スコットランドに向かった沈没船から、
1600年後半に作られたメタルヘッドのク
ラブが発見されている。当時、メタルヘッ
ドのクラブはニブリック[3]と呼ばれて、
バンカーや泥地からボールを掻き出すた
めの道具で、芝生の上で使うことは禁じ
られていた。

（世界最古のゴルフクラブ）

　その頃はクラブの大きさや形などに規
制はなく、最古のプロゴルファーと云われるアラン・ロバートソンや、
トム・モリスなども自分で使いやすいクラブを作っている。

　1800年代に入ると、現在のドライバーの原型となるプレークラブが作
られた。この頃、コースに持ち込んでいたのは、プレークラブ2本、ブラッ
シー1本、スプーン3本、二ブリック1本、パター1本、が一般的であった。
当時、ゴルフは自然のリンクスランドの中で行われており、プレー中に
ヘッドが破損したりシャフトが折れることは頻繁に起こった。そのため

プレイヤーは常に予備のクラブを持つ必要があった。また、当時のクラブはフェザーボール1個と同じぐらいな値段で、10ラウンドほどで交換していたようだ。

　1850年頃になると、ゴルフボールはフェザーボールから硬いガッティボールに変わり、これまでのトネリコなどの弾力のない堅いシャフトはボールを打った衝撃が吸収できず、折れることが多くなった。そこで、ガッティボールを打つには堅いトネリコのシャフトよりも、衝撃を柔軟に吸収するヒッコリー[4]のシャフトが適していることが実証された。しかし、ヒッコリー材は英国にはないため、アメリカやカナダからの輸入に頼っていた。また、1891年になってヘッドはスコットランドのパーシモン[5]が適していることも実証されて、以降、ヒッコリーシャフトとパーシモンヘッドの組み合わせが約100年間続いた。なお、この組み合わせを考案したのは、前述のロバート・フォーガン[6]と云われている。また、1874年にブレークラブのフェースを、凸面に改良したバルジャードライバー[7]を考案したのは、後に全英アマチュアのランナーアップとなったヘンリー・サンダー・ラムであった。ヘンリーは硬いガッティボールを打つ衝撃で、ドライバーのフェースが窪むことを予測して、予めフェースを凸型にしたクラブを試作した。出来上がったクラブでガッティーボールを試打したところ、今までのドライバーよりもよく飛び、しかも曲がりが少ないことが実証された。これらの例が示すように、当時は理論や研究結果ではなく、現場から多くのことが発見されている。

　その後もクラブの改良は進み、1895年にはエディンバラ・エンシェント・ゴルフクラブのキャプテンのトーマス・ホースブラが、ソリッドのスチールシャフトの特許を取得したが、R&Aは「クラブの伝統的通念に反する」として使用を認めなかった。

　一方で、USGAは中空のスチールシャフトの使用を1926年に公認し、R&Aが公認したのはUSGAの3年後であった。理由はゴルファーの急増によって、良質のヒッコリー材の入手が困難となったためであった。しかし、ヒッコリーシャフトのファンも根強く、スチールシャフトの公認後も1939年頃まで使い続けられたが、凡そ500年続いた木製シャフトも、

時代の波には逆らえず終焉を迎えることとなった。

　1928年には米国のトゥルーテンパー社から、ステップ（段差）によって先を絞った、スチールシャフトが考案されるなど、クラブは急速に進化していった。

　余話

　1890年頃に活躍した、アマチュアの名手ロバート・ハリスは、「昔のクラブは美術品のようにそれぞれの作者の個性がにじみ出ていて、クラブ鑑賞の愉しみを与えた。しかし、現代のクラブはスマートであるにしても、どれもこれも同じような金属の魂で、冷たい機械のようで鑑賞の価値はない。もう誰も自分のクラブにペットネームを付けようと思わないだろう。また、いかに偉大な名手のクラブであっても、もはやR&Aの博物館に陳列されることはないであろう」と語っている。

　ちなみに、球聖と呼ばれたボビー・ジョーンズが、年間グランドスラムを達成した時に使っていたドライバーを「ジニー・ディーンズ」と呼び、パターは「カラミティー・ジェーン」と呼んでいた。

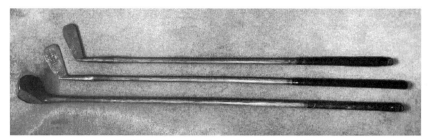

筆者所有のヒッコリーシャフトのゴルフクラブ

脚注

（1）カバノキ科（ナッツの木）

（2）モクセイ科

（3）現在の5番アイアンに相当。

（4）柿の木を使ったウッドヘッド。木目の美しい材で非常に硬くて反発力が強い材。

（5）カナダのクルミ科の材で軽くて曲げや衝撃に強い。

(6) クラブ作りのストラディバリと云われた名称ヒュー・フィルップの甥で、クラブヘットにシャフトを挿入する方法を考案。

(7) クラブフェースが膨らんだクラブで現在のドライバーの原型といわれている。バルジャーの語源は不明である。

15 クラブ本数の制限（1939年）

　現在、コースに持ち込めるクラブの本数は、ルールによって14本に規定されているが、R&Aが1939年に決定した本数に合理的な根拠はなかった。

　当時ゴルフは自然のリンクスランドの中で行われており、クラブの破損は当然の成行きであった。そのため、ゴルファーは普段から多くの代替えクラブを準備していた。また、プロはいろんな場面を想定して、多くの自作クラブをコースに持ち込み、キャディーは多くのクラブを持ちきれず、小さなキャリーに積んで持ち運んでいた。1900年頃には益々その傾向が強くなり、プロの競技には30本とか、多い者は50本以上も持ち込んだ例もあり、キャディーの負担は次第に大きなものになっていた。ちなみに、1934年にプレストウィックの全英アマで優勝した、米国のローソン・リトルが持ち込んだクラブの本数は32本であった。

　この状況を解消するきっかけは、1936年に米国のパインバレー・ゴルフクラブで開催されていた、ウォーカーカップ[(1)] に出場していた、ボビー・ジョーンズ[(2)] とトニー・トーランス[(3)] の間で、クラブの本数について話し合われたことであった。ジョーンズが年間グランドスラムを達成した時に使ったクラブの本数は16本で、トーランスが通常使用するのは12本であった。そこでジョーンズは「中間の14本にしよう」と提案した。トーランスは帰国後、ジョーンズの提案をR&Aのルール委員長ロバート・ハリスに伝えた。それから3年後の1939年に、R&Aはコースに持ち込めるクラブの本数を、パターを含む14本とする規定を発表した。

　他説では、1859年の全英アマチュア選手権に出場したジラード選手が

55本のクラブの持ち込み、キャディーは2台のキャリーに分けて運んだ。選手はショットのたびにクラブ選びに手間取り、試合はスムーズに進まず、選手とキャディーは互いに気まずい思いのままプレーを続け、試合後キャディーはそのことをR&Aに直訴した。

　R&Aにはこれまでも同様の苦情が多く寄せられており、クラブの本数制限について協議をおこなった。その結果、クラブの本数を1ダースとして、これにパター1本を加えた合計13本とする案が出された。しかし、13は宗教上縁起の悪い数であることを理由に1本増やして、コースに持ち込めるクラブの上限を14本に決定した。とする説もある。但し、どちらの説にも合理的根拠があった訳ではない。

脚注
（1）R&AとUSGAが共同開催するアマチュア男子の英米対抗戦。
（2）アメリカ代表
（3）イギリス代表でウォーカーカップ5回出場。

16 ゴルフコースの運営形態

　ゴルフは、スコットランドの荒涼としたリンクスランドから始まり、ゴルフの進化とともに、区分されたゴルフコースが造られるようになった。もともとゴルフは「スティック＆ボール」の一形態で、自然の中で遊ぶパブリックなもので、そこでは様々な階層の人たちが思い思いの方法でゴルフを楽しんでいた。そのうち気の合う仲間たちが簡単な約束事を作ってゴルフをするようになり、さらにゴルフを核として、それぞれの趣旨に沿ったグループが結成されるようになった。そして独自の会則を持つクラブへと発展していった。

　さらに、富裕層のゴルファーたちは混雑するパブリックのコースを避けて、特定の仲間を募って自分たちだけで遊べるプライベートコースを持つようになった。パブリックコースが不特定多数のゴルファーを受け

入れるのに対し、プライベートコースは限定された会員たちによってコースを所有して、会員以外は立ち入ることができない結社的な要素の高いものであった。

（アメリカの高級プライベートクラブ、ウイング・フットのゲート）

　米国では、プライベートクラブにはゴルフを目的とした「ゴルフクラブ」と、ゴルフ以外にテニスやプール、さらにアスレチックなど複合的な施設を取り入れて、家族ぐるみで利用できる「カントリークラブ」に区分されている。

　日本でも、戦前の会員制倶楽部（プライベートクラブ）は自主運営されていたが、今日では本来の姿で運営される倶楽部は極わずかしか残っていない。戦後、ゴルフの普及とともに会員制のゴルフ倶楽部が株式会社によって運営されるようになり、今日では多くの会員制倶楽部がパブリック化されて、プレー権はあっても倶楽部の運営に関与することはない。

　欧米ではコースの形態は明確に区分されており、プライベートコースは厳然として会員によって運営されている。また、一部のプライベートコースでビジターのプレーが可能な場合もあるが、利用できる範囲は厳格に制限されており、会員以外はクラブエリアに立ち入ることはできない。

　一方、欧米にはパブリックコースが多くあって、地方自治体が運営するミュニシパルコースや、民間の事業主が安価なフィーで不特定多数のプレイヤーにコースを提供するなど、子供から大人まで多くの人が日常的にゴルフを楽しんでいる。他方、リゾート地などには高級パブリックコースもあり、有名なペブルビーチリンクスもその一つである。豪華な

　ホテルに宿泊して、ゆっくりと食事やゴルフを楽しむ保養地である。しかし、宿泊費とラウンドフィーを合わせると、市営のパブリックコースに比べて数十倍にもなるそうだ。

　なお、アメリカにはパブリックコースは約11000コースあるが、日本はわずか279コースしかなく、ゴルフ文化の違いが歴然としている。

（写真提供：小林祐吉氏　ペブルビーチ№7）

第Ⅲ章

日本に於ける
ゴルフの始まり

1 ゴルフコースの創設

1番目「神戸ゴルフ倶楽部」明治36年（1903）
　日本最古のゴルフ場は、英国人アーサー・ヘスケス・グルーム等によって、明治34年に神戸の六甲山頂に造られた4ホールの私設コースである。その後、明治36年に9ホールに増設して、日本で最初のゴルフ倶楽部、「神戸ゴルフ倶楽部」が会員120名によって創設された。

2番目「横屋ゴルフ・アソシェーション」明治37年（1904）。
　神戸ゴルフの創設者の一人であるウイリアム・ジョン・ロビンソンが、アーサー・グルームが所有する魚崎町の土地を無償で借りて、6ホールの「横屋ゴルフ・アソシェーション」を創設した。但し、10年後の大正3年に借りていた土地が売却されたため解散となった。

3番目「ニッポン・レース・クラブ・ゴルフィング・アソシェーション」明治39年（1906）。
　横浜在住の外国人居留者によって、横浜の根岸競馬場内に9ホールのコースを造りクラブを創設した。これまでに造られたコースのグリーンは砂と土とを混ぜ合わせて締め固めたサンドグリーンであったが、根岸は日本で初めてのグラスグリーンとなった。

4番目「雲仙ゴルフ場」大正2年（1913）
　日本で初めて造られた県営の公営パブリックコースで、長崎県の雲仙に9ホールの「雲仙ゴルフ場」を開設した。当時、雲仙は避暑地として多くの外国人が訪れており、このゴルフ場も長崎県が外国人客誘致の一環として造ったものである。

5番目「東京ゴルフ倶楽部・駒沢コース」大正2年（1913）
　井上準之助（後の日銀総裁）等によって、始めて日本人を対象とした

「東京ゴルフ倶楽部・駒沢コース」が9ホールで創設された。コースには日本で初めて、グリーンからラフに至るまですべてに芝が張られた。その後、昭和7年にコースを朝霞に移転して、さらに8年後には狭山に移して現在に至る。

6番目「鳴尾ゴルフ・アソシェーション」大正3年（1914）

横屋GAの解散後ロビンソンは、西宮の鳴尾競馬場跡地に「鳴尾ゴルフ・アソシェーション」を創設したが、大正9年に土地問題によって解散となった。

7番目「富士屋ホテルゴルフコース」大正6年（1917）

富士屋ホテルの山口正造によって神奈川県の箱根に「箱根ゴルフ及銃猟倶楽部」が発足した。その後、運営難のため倶楽部を解散して、コースは大正9年に富士屋ホテルに売却して、日本で最初の民営パブリック「富士屋ホテルゴルフコース」として運営されている。

8番目「舞子カントリー倶楽部」大正9年（1920）

大正9年10月に、南郷三郎等が発起人となって9ホール（後に12ホールに拡張）で創設された。この時、日本人で初めてのプロゴルファー福井覚治が誕生した。昭和7年7月25日に倶楽部は解散した。その後、舞子の会員が主となって廣野ゴルフ倶楽部の創設へと向かった。舞子コースはその後パブリックとして運営され、現垂水ゴルフ倶楽部へと引き継がれた。

9番目「鳴尾ゴルフ倶楽部」大正9年（1920）

鳴尾GA解散後、残った3ホールで大正9年に鈴木商店社員38名で鳴尾ゴルフ倶楽部を創設した。その後6ホールに戻して、さらに9ホールと拡げ、大正13年には18ホールとなった。昭和14年に用地問題からコースは閉場となり、兵庫県の猪名川に移転して現在に至る。

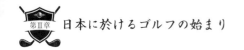

10番目「軽井沢ゴルフ倶楽部」大正11年（1922）

　大正10年に6ホールが造られ、翌年9ホールとなって「軽井沢ゴルフ倶楽部」を創設。サンドグリーンで倶楽部ハウスはなかった。昭和7年に移転して18ホールコースとなった。昭和57年2月に白洲次郎 [1] が理事長に就任して、掲げたのが「PLAY FAST」である。

11番目「新宿御苑ゴルフコース」大正11年（1922）

　大谷光明（2）の設計で、新宿御苑内に9ホールの皇室専用コースが造られた。時の皇太子（昭和天皇）はゴルフを好まれ、大正13年のご成婚後は妃殿下もクラブを握られている。しかし、昭和12年の蘆溝橋事件の後、二度とクラブを握ることはなかった。

　以降、「程ヶ谷カントリー倶楽部」大正11年（1922）、「宝塚ゴルフ倶楽部」大正15年（1926）、さらに日本で初めての河川コース、「吉備ゴルフコース」昭和5年（1930）など、次々とゴルフ場が創設されて、日本におけるゴルフ文化の始まりとなった。

　余話
　1879年（明治12年）に文部省から発行された「百科事典・體操及戸外遊戯」には、「ゴルフノ戯ハ蓋シ日耳曼（ゲルマン）ヨリ来タリシモノナラン然レドモ當今ハ専ラ蘇格蘭（スコットランド）ニ流行シテ其國ノ遊戯トナレリ」と紹介されている。

脚注
（1）神戸生まれで、ケンブリッジに学び、元首相の吉田茂のブレーンとなり戦後処理に当る。妻は執筆家の白洲正子。
（2）天皇家につながる家系で、浄土真宗本願寺派管長事務代理を務める一方で、第16回日本アマチュアゴルフ選手権に優勝するなど、ゴルフに対する造詣が深く、設計したコースも多い。

2 日本最古のゴルフ場、神戸ゴルフクラブ

　日本におけるゴルフの祖は、明治元年（1868）に22歳で来日した、イギリス人のアーサー・ヘスケス・グルーム（Arthur hesketh Groom）である。グルームの兄フランシス・グルームは、トーマス・ブレーク・グラバー[1]とともに、幕末の長崎でグラバー商会を設立した人物である。

（写真提供：神戸ゴルフ倶楽部
来日当初のグルーム）

　来日したグルームは、明治元年の神戸開港年の4月にグラバー商会の神戸支店を開設したが、わずか2年後の明治3年にグラバー商会は倒産した。グルームはそのまま神戸に残り、モーリヤン・ハイマン商会を設立して茶と生糸の貿易で成功している。その後、事業拡大のため横浜に移住したが、10年ほどで神戸に戻っている。その後も、ホテル事業など広く事業を手掛けた人物である。

　グルームは神戸に来て間もなく、寄宿していた善照寺の住職の世話で、大阪玉造の士族の娘宮崎直と結婚して、15人（6子は夭折）の子をもうけている。グルームは来日後一度も日本を離れることなく、日本人以上に日本を愛した人であったと云われている。

　当時、六甲山は手付かずのままの自然そのもので、グルームは仕事

（写真提供：神戸市立博物館　神戸ＧＣ開所式1903年5月24日）

69

（写真提供：神戸ゴルフ倶楽部　創設時のサンドグリーン）

の合間をみては六甲山での狩猟や山歩きを楽しみ、山頂から見える神戸の街や瀬戸内の眺望を好んだ。明治28年には六甲山頂の原野1万坪余りを近在の農家から借りて、六甲山に初めての別荘を建て、居留地の地番と同じ101号と名付けた。その後、グルームの借りた土地に居留外国人たちが次々と別荘を建て、瞬く間に60戸ほどの異人村が六甲山頂に出来上がった。

　次に、グルームが手掛けたのは、故郷のイギリスで流行していたゴルフ場を造ることであった。明治31年から仲間[2] 数人と一緒にスコップと鎌を持って、3年かけて灌木とクマザサの原野を切り開き、明治34年には4ホールのゴルフ場を造り上げた。これが日本におけるゴルフの始まりである。この時、コースに芝生を張ったことはなく、クマザサや雑草を繰り返し刈込んでいるうちに、自然にクマザサは低くなり、ノシバと雑草が入り混じった草地に変わっていった。

　明治36年（1903）には、スコットランド生まれのAdamsonとMcMurtriの設計で5ホールを増設して9ホールとなり、それを機に「神戸ゴルフ倶楽部」を創設した。

　同年5月24日に兵庫県知事など神戸の著名人を招いて、日本で初めてのゴルフ倶楽部の開所式を行った。グルームは倶楽部の創設に先立って、新聞で「内外人を問わずゴルフに興味のある方の参加を求める」と広告して、居留外国人だけでなく日本人の参加も広く呼び掛けている。オープン時の会員は120名で、その中には日本人の松方幸次郎[3]、川崎芳太郎[4] など、地元名士の6名が名誉会員として登録されている。その後、居留外国人14名が入会して会員は134名となった。

　明治37年（1904）10月には9ホールを増設して18ホールのコースが完成した。翌年、日本人で最初にゴルファーとして入会したのは、神戸の

小倉庄太郎[5]と妹の末子[6]であった。

　当時のグリーンには芝が張られておらず、土と砂を混ぜ合わせて締め固めたもので、そのままではボールが転がり過ぎるので、薄く砂を撒いてボールの転がり過ぎを止めていた。それでもボールは止まらずにグリーンから外へ出てしまうので、周りを低い土手で囲って、一度グリーンにのったボールは外に出ないようにした。こうしたグリーンの欠陥を補うために、「グリーン周辺の土手際に止まったボールは、その縁から靴2足分だけ前に出せる」と、ローカルルールに一項を加えた。

　昭和に入る頃には会員も増えて、最初に建てた倶楽部ハウスは手狭になっていた。昭和7年（1932）にハウスの建て替えが決まり、設計は後に帰化して一柳米来留と名乗った米国人の建築家ウイリアムズ・メレル・ヴォーリズ[7]に依頼した。この倶楽部ハウスは今も当時の姿のまま使っており、当時を偲ぶことのできる歴史的な名建造物である。

　グルームは1918年に72歳で亡くなった。葬儀は遺言によって仏式で行い、遺体は火葬して外人墓地ではなく、奥さんの里の宮崎家代々の墓に埋葬された。戒名は「英智院具理日夢居士」で、宝塔の裏には「ロンドンに生まれ神戸に死す、日本に住むこと50年」と、それだけが英字で書かれている。

（写真提供：神戸ゴルフ倶楽部）グルーム（右）と友人のハート・ショーン（左）。自ら鎌を持ち3年がかりでコースを切り開いた）

グルームの墓碑

六甲山への交通手段「駕籠」

グルームが可愛がったキツネのお社

写真提供：神戸 GC　クラブハウス全景

余話

　グルームは、五男が障害を負って生まれたのは、これまで自分が六甲山の狩猟で、多くの動物を殺生したことの報いであると考えた。その後、好きな狩猟を止めて六甲山の動物を守ることに尽力した。

　ある日、グルームの元に猟師に追われた尻尾の白い一匹のキツネが逃げ込んできた。キツネはそのまま別荘の近くに住みついて、グルームの膝の上で眠るほど懐いていたが、グルームの死後キツネは姿を見せることはなかった。

　遺族は、グルームが可愛がったキツネを祀るため白髭神社を建てグルームを偲んだ。社は今も六甲山ホテルの西にある。

脚注

(1) スコットランド生まれ。幕末の安政6年（1859）香港のジャージン・マセソン商会の代理人として来日。その後グラバー商会を設立し、武器、炭鉱、生糸、造船などを手掛ける。明治3年（1870）倒産。

(2) グルーム、コーンス、ギム、ロビンソン、等

(3) 1866年生まれ。父は明治の元勲、松方正義。エール大学とソルボンヌ大学卒。川崎造船所社長、衆議院議員、美術収集家。

(4) 1869年生まれアメリカ留学。川崎造船副社長。川崎銀行頭取、男爵。

(5) 1865年岐阜県大垣で生まれる。ドイツ留学後神戸の貿易会社デラカンプ商会に入社。2代目番頭となる。妹の末子と神戸ゴルフ倶楽部に入会して日本人初のゴルファーとなる。

(6) 神戸女学院音楽科を卒業後、ドイツのベルリン王立音楽学院ピアノ科に学ぶ。卒業後、アメリカのメトロポリタン音楽学校教授となる。帰国して東京音楽学校講師となる。

(7) 1880年アメリカのカンザス州生まれ。1905年25歳で英語教師として来日したが、宗教活動によって学校を辞す。その後建築家となり多数の名建築を残す。1941年に帰化し奥さんの姓を名乗り一柳米来留となる。

3 日本最古のパブリックコース

雲仙ゴルフ倶楽部（1913）

（写真提供：雲仙ゴルフ倶楽部　馬の向こうにゴルファーが見える）

　長崎県の雲仙にゴルフ場が造られたのは大正12年（1923）で、県が開設した日本で最初のパブリックコースである。コースは島原半島の普賢岳の南側にあり、付近一帯は昔からの草原地帯で、馬の放牧地として知られていた。コースの標高は約750ｍで、兵庫県の「神戸ゴルフ倶楽部」とほぼ同じで、夏の気温は長崎市内よりも4~5度は低くいと云われている。明治11年には、雲仙温泉で旅館を営む加藤鎮吉郎たちによって新たに「新湯」を開き洋式の設備を持った旅館を建てるなど、外国人客の誘致に力を入れている。明治30年頃になると多くの外国人が避暑に訪れるようになり、馬の放牧地に派手な服装の人達が集まって、杖で球を打つ姿が目立つようになっていた。

　雲仙は大宝元年（701年）に高僧行基[1] が天草を訪れたときに、雲仙岳から上がる噴煙を見て、霊地として開山した地である。当時は温泉山と書いて「うんぜん」と呼ばれており、「雲仙」と改められたのは、昭和9年に雲仙が国立公園に指定されたときである。

　ここが温泉地となったのは島原の乱[2] が終わって、新しく領主になった高力忠房の家臣、加藤善左衛門が承応2年（1653）に雲仙に湧き出る湯（古湯）を見て、共同浴場を造り「延暦湯」と名付けたのが始まりと云われている。また、幕府の貿易港があった長崎からも近く、昔からオランダ人や中国人が夏の避暑地として利用していた。

　本格的に外国人が訪れるようになったのは、明治22年（1889）9月28日に上海のノース・チャイナ・ヘラルド新聞が、「Unzen and round about it」と題して雲仙を紹介した記事が出てからである。以来、香港

や上海、さらには北のウラジオストックからも、多くの外国人が保養地を求めて雲仙に訪れるようになった。ちなみに大正4年（1915）の「温泉公園滞在外国人国別宿泊延べ人数」には、東南アジアや日本在住の欧米人など、延べ24,000泊⁽³⁾の宿泊記録が残されている。

（雲仙の初期のクラブハウス）

　また、温泉医学の権威者である東京大学医学部名誉教授のベルツ博士⁽⁴⁾は、明治33年と38年に雲仙を訪れて、「雲仙を温泉保養公園として整備するべきである」と提言している。それを受けて長崎県議会は明治44年（1911）に「雲仙県立公園を設置する計画」を決議している。丁度、その頃（大正元年）に雲仙の地主47名から自分達の土地を有効利用してほしいと申し出があり、99年間の長期無償供与が契約された。まさに渡りに船であった。また、当時の犬塚勝太郎県知事は、東大教授の松村任三理学博士⁽⁵⁾に現地視察を依頼して公園計画について意見を求めた。松村教授は、「西洋にはゴルフというものがある。この公園の全体計画の中にゴルフコースを設置したらどうか」と進言している。

　話しは戻るが、「新湯」が外国人向けの地区に指定されたことから、明治27年（1894）から明治40年（1907）にかけて、外国人向けの和洋折衷のホテルが多く建ち、国際的な雰囲気のするリゾート地になっていた。その状況を見て、地元からも「外国人誘致のためにゴルフ場とやらを造ろう」という声が上がった。県の公園担当者は、長崎在住の外国領事や香港上海銀行の支配人などに意見を求め、ゴルフ場造りの賛否を伺っている。結果は「造るべし」であった。

　その頃、日本に造られていたゴルフ場は居留外国人の社交場として造られたもので、日本人には未知なもので不安も大きかった。その中で、ゴルフ場の設立に奔走したのは、長崎を舞台に国際交流に力を注いでいた「トミサブロー・アワジヤ・グラバー⁽⁶⁾」であった。彼は、明治維

(写真提供：雲仙ゴルフ倶楽部
　　　　倉場道三郎)

新から日本の近代化に大きな影響を与えた、貿易商トーマス・ブレーク・グラバー[7]と日本人の淡路屋ツルとの間に生まれた。学習院を卒業すると米国に留学してペンシルバニア大学などで学び、明治25年（1892）に帰国して貿易商社の代理店として日本の近代化を支えたホーム・リンガー商会に入社した。

　その後、日本国籍を取得して「倉場富三郎」と名乗った。後年、長崎汽船漁業会社を設立して、日本で初めて蒸気トロール船を導入して、磯漁中心であった長崎の漁業を一新させるなど、長崎の水産業の礎を築いた。また、明治32年（1899）には、在留外国人と日本人の交流の場として「長崎内外倶楽部」を設立するなど、長崎を愛し日本と外国の架け橋になることを夢見ていた。そんな、富三郎にとって「雲仙ゴルフ倶楽部」の創設は大きな夢の一つであった。コースの造成は長崎県の土木課長の鈴木格吉と技師の山田七五郎らによって、ツルハシとモッコとトロッコを使った人海戦術で進められた。そして、大正2年（1913）の8月14日に9ホールのコースと、藁ぶき屋根のクラブハウスが完成した。

　しかし、予想に反して来場者は少なく、大正3年に県知事の李家隆介は、トーマス・クック社の東洋総支配人（マニラ在住）のセ・エッチ・グリーンを招いて、ゴルフ場経営について助言を求めている。グリーンは現地を視察した後、「立地条件は良いが、コースには若干の手直しが必要である。パブリック制での運営は難しい」と指摘している。その話を聞いた三菱長崎造船所の荘田達也参事は、仲間を30名ほど集めて「雲仙ゴルフ倶楽部」を結成し、東京本社に転任するまでゴルフ場の発展に尽力した。しかし状況は改善せず大正10年頃までは、年間の利用者はわずか300名ほどで赤字が続いていた。

　その状況を改善するため、倉場富三郎らが中心となって長崎の名士

100名余りを集め、「長崎ゴルフ倶楽部」を設立して雲仙ゴルフ場の支援母体とした。一方でグリーンの提言によるコース改造は進み、大正11年（1922）には9ホールで3200yd.par38のコースに改修された。コースは2グリーン制で、9ホールを終えてグリーンを換え、

（写真提供：長崎市歴史資料館　倉場道三郎が住んでいたグラバー邸）

もう一度まわって18ホールとするものであった。大正13年（1924）5月22日には、雲仙ゴルフ場で「全国ゴルフ大会」と名付けて競技会を催したが、急な企画であったため参加者はわずか13名に止まった。

　昭和に入る頃には日本人ゴルファーも急速に増え、連日120〜130名が押しかける盛況ぶりとなった。しかし、雲仙ゴルフ倶楽部の設立に大きく貢献してきた富三郎の晩年は、恵まれたものではなかった。太平洋戦争が始まる2年前の昭和14年（1939）に、富三郎は父トーマス・グラバーから受け継いだ丘の上の「グラバー邸」を、当時の三菱重工長崎造船所へ売却して麓へと引っ越した。その訳は、富三郎が日英両国の血を引くために疑惑の目で見られるようになり、眼下の長崎造船所で建造中の戦艦「武蔵[8]」を、一望できるグラバー邸に住むことを避けたのである。

　世界と日本の交流に奔走し、その架け橋になることを夢見た富三郎にとって、世間の目は耐え難いものであったに違いない。富三郎は長崎に原爆が投下されてから2週間後に自ら命を絶っている。

　愛する祖国から不名誉なスパイ容疑を掛けられ、失意のまま亡くなった富三郎であったが、誰を恨むのでもなく父から受け継いだ莫大な遺産と、自分の財産のすべてを戦争からの復興のために使ってほしいと遺言して長崎へ寄贈している。

　富三郎らの協力によって今に残る、日本初のパブリックコースを見た歌人の下村海南[9]は、「このあたりに玉落ちたりとさがす吾と馬の鼻づらと並びけるかも」と詠っている。その雲仙ゴルフ場も第二次戦争中は

軍に接収されて、赤とんぼと呼ばれた複葉機の訓練場となった。戦後は米軍のゴルフ場として使われたが、昭和26年には返還されて営業を再開した。昭和48年（1973）には地権者などが株主となって「雲仙ゴルフ場株式会社」を設立して、レストラン運営などを県から受託している。その後、長崎県は行政改革の一環としてゴルフ場の運営を民間に移管することを決定し、以前から地域の活性化を目指して設立されていた「雲仙ゴルフ場㈱」に管理と運営を移管した。

　ゴルフ場は今もパブリックコースとして運営されているが、ここを拠点とした「雲仙ゴルフ倶楽部」は今も続いている。

　脚注
（1）中国系帰化人で飛鳥時代から奈良時代にかけて活躍し最初に大僧正になった
（2）寛永14年（1637）キリシタン弾圧に対して起こした日本史上最大の一揆と云われている。暴徒鎮圧から1年後にポルトガルとの取引を停止して230年にわたる鎖国が始まった。
（3）外国人来訪者は年間約1000名で平均逗留日数24日／1名であった。
（4）帝国大学植物学教授小石川植物園初代園長。
（5）明治維新に活躍したグラバーの息子で、後に日本国籍を取得して、「倉場富三郎」と名乗る。米国留学後、長崎汽船・漁業会社を設立、雲仙ゴルフ場の創設と運営に尽力。
（6）1859年（安政6年）9/19開港間もない長崎に21歳で来日。幕末の武器商人。その後長崎造船の礎を築く。炭鉱経営、生糸その他で財をなす。
（7）戦艦大和と姉妹艦、軍の最高機密。
（8）和歌山県生まれ。貴族院議員、大日本体育協会会長、国務大臣を歴任。歌人としても有名。

(写真提供：雲仙観光ホテル　当時の姿を残す雲仙観光ホテル)

4 日本で3番目のゴルフ場は競馬場の中

「根岸ゴルフコース」

　六甲山に日本で始めてゴルフ倶楽部が創設されてから、3年遅れて誕生したのが、3番目となる横浜根岸の「ニッポン・レース・クラブ・ゴルフィング・アソシエーション」である。

　このコースの誕生を語るのは、嘉永6年（1853）のペリー来航にまで遡らなくてはならない。初めてペリーが来航してから1年後の安政元年（1854）3月に、武力を誇示して開港を迫ったアメリカに屈し、幕府は260年以上続いた鎖国を解いて、下田港と函館港を開港する日米修好通商条約 [1] を結ぶこととなった。しかし、彼らは下田居留地が江戸から遠く離れて不便であることや、港が狭いことなどを理由に、下田から神奈川宿あたりに移すよう迫っていた。

　しかし、その頃は開国に反対する攘夷派によって、幕府大老の井伊直弼暗殺事件や、高輪の東禅寺のイギリス公使襲撃事件、さらに神奈川の生麦事件 [2] など、不穏な状況が続いていた時期であった。これら一連の事件に恐れて、これまで隔離された居留地に住むことに反対していた外国人たちも、止む無く居留地に留まることを承諾していた。

　安政時代に居留地が置かれていた横浜は、東海道から少し外れた戸数百戸余りの半農半漁の小さな村であった。慶応時代に入ると横浜の居留外国人は1100人を超えて、その半数はイギリス人であった。彼らは本国

で流行っていた競馬を懐かしみ、文久元年（1861）に現在の桜木町の弁天橋対岸に、日本で初めてとなる300mの直線馬場を造った。翌、文久2年（1862）には現在の山下町に移転して、全長約1.2kmの楕円形の競馬場を造り「第1回横浜ダービー」を開催した。翌年にはここも閉鎖して、慶応2年（1866）6月に根岸で本格的な洋式競馬場（全長1.7km）を完成させた。

　これらの費用は外国人に対する一連の殺傷事件や、下関に於ける外国軍艦への砲撃事件などの賠償の一環として、イギリス公使オールコック、アメリカ公使ブライン、フランス全権公使ロセスらの強要によって、幕府の負担で造らせたものであった。ちなみに、明治2年～7年（1869～1874）には、神戸にも居留外人によって造られた「ヒョウゴ・レースクラブ」があった。

　明治13年（1880）には、根岸の競馬場を拠点として「ニッポン・レース・クラブ（以下NRC）」を創設して、明治39年（1906）に社団法人となっている。そして、同年11月23日にこの馬場の中に日本で3番目となる、根岸ゴルフコースが9ホール（2473yd.par34）で造られた。ここでグリーンに芝生を張ったのが、日本で最初のグラスグリーンとなった。横浜の居留外国人たちはここに「ニッポン・レース・クラブ・ゴルフィング・アソシェーション（以下NRCGA）」を創設した。

　NRCGAの会員になるには、NRCの会員であることが条件であった。当時、NRCには少数の日本人会員がいたが、誰もゴルフと云うものを知らず、日本人が会員になることはなかった。そのためNRCGAの実態は外国人クラブであった。

　当時、横浜と神戸の居留外国人たちは事ある度に対抗意識を燃やしており、早速、神戸に対抗試合を申し入れている。第1回は明治40年（1907）8月4日～5日に神戸の六甲コースで開催した。横浜勢は競馬場の平坦な

（写真提供：馬事文化財団　明治13年（1880）ごろの根岸競馬場）

コースと異なり、起伏のあるコースとボールの止まらないサンドグリーンに手こずり、初めての対決は7対5で神戸に負けている。

　競技後、パーティーの席上で「日本アマチュア選手権」の開催が提起され、横浜と神戸で毎年交互に開催することが決まった。選手権の優勝カップは持ち回りとして、製作費の400円[3]は両クラブで負担した。このカップは、戦前最後の優勝者であった成宮喜兵衛の機転によって、戦時中の貴金属供出を免れて現在に至っている。

　話しは戻って、第1回の「日本アマチュアゴルフ選手権」は明治40年（1907）10月20日に神戸で開催され、横浜から4名、神戸からは10名が参加して、36ホールのストロークプレーで争われた。当日はあいにくの雨で途中棄権する選手もいたが、横浜のＡ・Ｂ・ローソンが159で優勝して、2位は神戸のＨ・Ｅ・ドーントが3打差の162打であった。

　しかし、この「日本アマチュアゴルフ選手権」は横浜と神戸の居留外国人たちが私的に始めたもので、日本人はまったく関与していなかった。日本人が初めて参加したのは大正5年（1916）で、根岸で開催された第10回大会であった。この時の優勝者は香港から参加したバレットが157打で回り、日本人で初めて一人参加した一色虎児[4]は200打と振るわず、参加者14人中13位に終わった。

　大正になると洋行帰りの日本人ゴルファーも増えて、根岸でゴルフを楽しむ日本人も次第に多くなっていた。しかし、根岸は外国人メンバーの治外法権的なもので、日本人ゴルファーは屈辱的な扱いを受けて度々トラブルが起こっていた。その頃、日銀のニューヨーク支店から帰国していた井上準之助は、それならば日本人が自由にプレーできるゴルフ場を造ろうと、「東京ゴルフ倶楽部」の設立に向った。

　その後、根岸コースは昭和の大戦前に政府に徴用されて、ゴルフ場は解体された。戦後の昭和23年（1948）に占領軍はコースを復元して、「ＰＸ根岸ゴルフコース」として占有した。コースは昭和40年（1965）に横浜市に返還されたが、市はゴルフ場として利用することなく、横浜市根岸森林公園として市民の憩いの場とした。

脚注

(1) 別名神奈川条約と呼ばれ不平等条約とされている。

(2) 薩摩藩の行列の前を馬で横切った英国人を殺傷。翌年、謝罪と賠償金を求めて薩英戦争が勃発。

(3) 現在の価格で約200万円

(4) ロンドン大学卒業後、三井物産ニューヨーク支店勤務でゴルフを習う。英国風紳士で後に日本製鋼所取締役となる。

5 日本人のためのゴルフコース

「東京ゴルフ倶楽部」大正3年（1914）

　大正2年（1913）に東京ゴルフ会を発足させて、駒沢村に「東京ゴルフ倶楽部」を創設したのが大正3年（1914）であった。この倶楽部は日本で5番目に創設されたが、現存する倶楽部としては3番目である。ここより前に造られたゴルフ倶楽部は、居留外国人のスポーツと懇親の場として造られたもので、東京ゴルフ倶楽部（駒沢コース）が日本人のために創られた初めてのゴルフ倶楽部である。明治維新後、多くの日本人が欧米の文化を学ぶために留学したが、その中には留学先でゴルフに久しんだ者も多くいた。当時の横浜正金銀行頭取の井上準之助[1]もその一人であった。井上は、米国の日銀ニューヨーク支店に勤務していた時に覚えたゴルフは、スポーツとしても社交の場としても、これからの日本に必要なものになると、強い思いを持って1911年（明治44）に帰国した。帰国後、貴族院議員の樺山愛輔や横浜生糸の荒川新十郎らにゴルフの有用性を説いて、ゴルフ倶楽部の創設に賛同を得た。さらに欧州や米国でゴルフに親しんだ文化人たちにも広く

（写真提供：東京ゴルフ倶楽部 井上準之助）

声をかけ、虎ノ門にあった社交倶楽部「東京倶楽部[(2)]」の会員たちにも協力を求めた。

　ゴルフ倶楽部開設のための資金は、井上、樺山、荒川の他、村井五郎[(3)]や朝吹常吉[(4)]などが出資者となり、1913年（大正2年）に発起人45名で「東京ゴルフ・アソシェーション（東京ゴルフ会）」が創設された。井上は倶楽部の運営が思い通りに進まないことも考慮して、建設資金の他に3万5千円の資金を集めて、神戸の水道公債を購入して、利子を地代に充てるなど銀行家らしいところも見せた。

　倶楽部の入会希望者は、発起人たちの名声によって多くの申し込みがあったが、入会者のほとんどはゴルフがどのようなものか知らないままの入会であった。

　建設予定地は東京の駒沢村に9ホールのコースを予定して、土地は井上個人の名義で借りることになった。地主たちは広大な土地の借地を求める井上に一抹の不安が拭えず、契約は井上の暮らしぶりを確かめてからと、井上の自宅で行われた。後に井上は第9代日銀総裁、大蔵大臣、貴族院議員などを歴任したが、

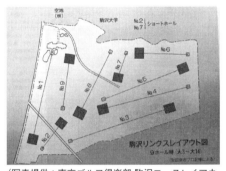

（写真提供：東京ゴルフ倶楽部 駒沢コースレイアウト図）

事半ばの昭和7年（1932）に、政治結社の血盟団によって暗殺された。享年62歳の棺には、家族によってゴルフクラブ1本が入れられた。

　話しは戻って、ゴルフ場用地は、東京府荏原郡駒沢村深沢で通称「大切山」（現、駒沢オリンピック公園）と呼ばれる雑木林と農地の約3万5千坪を借地して、コース設計は横浜NRCGA所属のシングルプレイヤー、F・E・コルチェスターとG・G・ブレディに依頼した。

　着工は大正3年（1914）1月22日で、同年5月には東京で初めてとなる「駒沢ゴルフコース」を6ホールで仮オープンして、同年9月に9ホールが予定通り完成した。日本でこれまでに造られたグリーンやティーは、砂

（写真提供：東京ゴルフ倶楽部 初期の倶楽部ハウス）

と土を混ぜ合わせて締め固めたもので、フェアウエイやラフに芝が張られることもなかったが、駒沢コースはティーからグリーンまですべてに高麗芝が張られた。また、倶楽部ハウスは上野の不忍池のそばに建てられていた、大正天皇御即位記念の迎賓館の払い下げを受けて移築した。欧米のゴルフ場を知らない会員たちは、立派な倶楽部ハウスと広大な緑のコースを見て一様に驚きの声を上げた。但し、それは後のことで、開場当時は市松模様に張った芝地は雨でぬかるみ、会員たちは靴もズボンも泥まみれになりながらゴルフをしていたようだ。

　大正7年（1918）にはコースは一面緑に覆われており、「第12回日本アマチュア選手権」が初めて駒沢コースで開催された。この競技会は横浜のNRCGA[5] と神戸GCの居留外国人が始めたもので、これまで日本人ゴルファーが外人勢に勝ったことがなかった。この年初めて日本人が1位から5位までを独占して、日本人ゴルファーの成長ぶりを示した。優勝した井上信が手にしたシルバーカップは、米国大使のガスリーから寄贈されたもので、カップにはコース側から見たクラブハウスが彫刻されており、当時の駒沢コースを偲ぶことができる貴重なものである。こうして東京ゴルフ倶楽部はスタートしたが、倶楽部運営はもちろん初めてのことで、コースでは想定外のことも度々起きた。例えば、1番ホールを横断している村道は朝夕の通行人が多く、昼間は農家の牛馬が行き来するため、度々プレーを中断せざるを得なかった。そして、道路上に止まったボールはローカルルールで「村道に入った球は罰なしでドロップできる」と救済した。また、6番と7番ホールを横断する村道は通行人がほとんどなく、自然に芝生化したことを幸いにコースとして使っていたら、しばらくして村役場から連絡があり、開場年にさかのぼって村道使用料を要求されるなど、一つひとつが教訓となった。

　大正11年（1922）には、英国から親善訪問されていたプリンス・オブ・

ウェールズ [(6)] と、当時、摂政宮であった昭和天皇とのゴルフ親善試合も駒沢で行われた。摂政宮は大谷光明 [(7)] と組まれ、プリンスはハルゼー侍従と組んで親善試合を愉しまれた。結果は日本側の1ダウンで英国側の勝利で終わった。この時のことを大谷光明は、「遠来の賓客を迎え、1ダウンという花も実もある負け方をしたところに、私の人知れぬ苦労があった」と述べている。一方でプリンセスは「大差で勝ってはいけないので、ハルゼーも私もわざと松林やラフに打ち込んで苦戦の展開にしたものだ」と、これ

(写真提供：東京ゴルフクラブ
英国皇太子と後の昭和天皇)

また得意満面に述べられたそうだ。いずれにしても摂政宮がゴルフを好まれたことが、わが国のゴルフの発展に大きな影響をもたらしたことは間違いない。

　大正13年（1924）10月には関東と関西の7倶楽部 [(8)] が集まって、ジャパン・ゴルフ・アソシエーション（日本ゴルフ協会（以下JGA））が設立された。これによって神戸GCとNRCGAが主となって開催してきた「日本アマチュア選手権競技」は、1925年（大正14年）以降はJGAによって運営されることになった。一方、駒沢コースは大正15年（1926）に9ホールを増設することになり、設計はコルチェスターとブレディが担当して、日本のトッププレイヤーの赤星四郎 [(9)] と大谷光明が補佐した。駒沢コースは新しく18ホールになったが用地が狭く、出来上がったコースはアウトコースが2905yd.par35、インコースは2383yd.par31の短いものであった。18ホール開場記念競技会は36ホールで行われ、優勝の赤星四郎はハンディ3でネット145、2位の岡庄五はハンディ12でネット155であった。

　同年9月1日に、東京ゴルフ倶楽部の婦人ゴルファーと関西婦人ゴルフ倶楽部の「第1回親善対抗競技」が行われ、関東勢が勝利した。東西の婦人親善試合は、その後も「関東関西婦人ゴルフ対抗競技」と名称を変更して続けられた。なお、女性ゴルファーが所属する倶楽部は、関東では東京ゴルフ倶楽部だけであったが、関西では神戸ゴルフ倶楽部と茨木

カンツリー倶楽部と舞子カンツリー倶楽部があり、女性会員で「関西婦人ゴルフ倶楽部」が組織されていた。

　一方、男子の「アマチュア東西対抗競技」が始まったのは昭和2年（1927）で、婦人ゴルフ対抗競技の開催より1年後であった。また、同年5月には1922年に開場した程ヶ谷カントリー倶楽部で、「第1回日本オープンゴルフ選手権」を開催して、アマチュアの赤星六郎[10]が優勝している。

その頃はまだアマチュア全盛時代で、参加者17名の内12名がアマチュアであった。同年10月には「第20回日本アマチュア選手権」が開かれて野村駿吉が優勝している。

　また、同月に駒沢コースで「第1回シニア倶楽部選手権競技」を開催して、高木喜寛が優勝した。

（写真提供：東京ゴルフ倶楽部 当時の芝刈り光景）

　翌年の「第2回日本オープン」は駒沢コースが会場となり、程ヶ谷CC所属のプロ浅見緑蔵が優勝した。この時、駒沢コースは全長5,700yd.par72に拡張されていたが、日本オープン後にさらに2万3千坪の土地を借地して、再度コースの拡張工事に着手した。設計は大谷光明が担当して、赤星六郎と白石多士良[11]が補佐した。昭和4年（1929）の春にコースは完成し、各ホールのヤーデージは大幅に伸びて、全長6351yd.par72の本格的なコースとなった。しかし、大正12年（1923）の関東大震災後は、東京郊外の宅地開発が急速に進み、駒沢コースの借地料の値上げ要求は年々強くなった。大正15年を過ぎた頃には、賃借料は当初の7倍にもなって深刻な問題となっていた。

　昭和4年（1929）10月に、日米親善ゴルフ競技のためにハワイからアマチュアチームが来日して、29日に駒沢の倶楽部ハウスで歓迎晩餐会が催された。「日本・ハワイ親善競技」は、関東と関西のゴルフ場で開催して、日本が2勝3引き分けの成績で終わった。親善試合は駒沢コースを皮切りに、程ヶ谷カントリー倶楽部（神奈川県）、武蔵野カンツリー倶

楽部・六実コース（千葉県）、川奈ホ
テルゴルフコース・大島コース（静岡
県）、茨木カンツリー倶楽部（大阪府）、
宝塚ゴルフ倶楽部（兵庫県）、鳴尾ゴ
ルフ倶楽部（兵庫県）の7コースで開
催された。競技終了後、ハワイチーム
は日本のコースについて意見を求めら
れ、次のように語っている。「日本の

（写真提供：東京ゴルフ倶楽部 当時のゴルフ光景）

ベスト・コースは「茨木カンツリー倶楽部」で、各ホールの様相が異な
り、距離もありハザードも厳しくフェアウエイの幅も適当である。「程ヶ
谷カントリー倶楽部」は、アップダウンが激しすぎる。「武蔵野カンツ
リー倶楽部」は、ドッグレッグコースが多過ぎる。「東京ゴルフ倶楽部・
駒沢コース」は、公園のようで単調すぎると評価している。そして、「英
国や米国のコース設計家を招き、コースの改修や新たなコース設計を依
頼してはどうだろう」と提案した。ハワイチームのこの評価は、駒沢コー
スを良しとしていた東京ゴルフ倶楽部の発起人一同に、大きなショック
を与えた。

　その頃、東京ゴルフ倶楽部は駒沢コースの高額な借地料に苦慮してい
た時期で、「この際に自前の土地を求め、海外から一流の設計者を招いて、
世界に誇れるチャンピオンコースを建設しよう」と、役員一同決議する
に至った。早速、相馬孟胤 [12] をキャプテンとして新コース建設委員会
を発足させた。昭和5年（1930）に、いくつかの候補地の中から、埼玉
県新座郡膝折村（現・朝霞市）への移転を決定した。駒沢コースの借地
満了年の3年前であった。

　これまで、日本のゴルフコースの設計はアマチュアによって行われて
おり、開場後の様子を見ながらその度に改造していたため、予期せぬ出
費も多かった。それらの反省とハワイチームの提言により、新しく造る
膝折れコースの設計は、外国のコース設計家に依頼することが決まった。
大谷光明は早速イギリスの名設計家ハリー・コルト [13] に話を持ち掛け
たが、コルトは68歳の高齢であることを理由に断り、パートナーのチャー

ルズ・ヒュー・アリソン[14]を推薦した。来日したアリソンは予定地を
つぶさに視察した後、宿泊先の帝国ホテルにこもって10日ほどで設計図
を完成させた。また、アリソンは川奈ホテル・富士コースや廣野ゴルフ
倶楽部の設計も行い、他にも、霞が関カンツリー倶楽部、鳴尾ゴルフ倶
楽部、茨木カンツリー倶楽部の改造にも関わっている。そして、倶楽部
ハウスは、帝国ホテルを設計したフランク・ロイド・ライトの共同設計
家、アントニン・レーモンド[15]に依頼した。

　膝折村への移転費用は、土地買収費100万円、コース造成費10万円、
倶楽部ハウス他建設費10万円、総額120万円もの膨大なものになった。
同じ頃に埼玉県川越市で開場した霞ヶ関カンツリー倶楽部の総費用の数
倍にもなったと云われている。コースの施工責任者としてアメリカから
はグローブ、倶楽部からは白石と赤星四郎が担当して、工事は地元の土
木業者数社に請け負わせた。

　ところが地元業者たちはゴルフに全く無知で、指示されたことが理解

（写真提供：東京ゴルフ倶楽部　相馬孟胤）

できず工事は遅々として進まない。さら
に、利権も絡んで業者間のいざこざが絶
えず、白石や赤星の自宅にまで業者が押
しかけてくる始末であった。そのため白
石は、親の代から久しくしていた鹿島精
一[16]に事情を説明して、業者間の調停
と工事の一切を依頼した。事情を聞いた
鹿島は、すぐに監督を現地に派遣して事
態の収拾に当らせた。担当した監督は口
数が少なくいつも苦虫を噛みつぶしたよ
うな顔つきで、どっしりと信頼のおける
人物であったと云われている。指示を受
けた監督は、すぐに部下数人を引き連れ
て現地に出向き、地元業者との間で多少
のいざこざはあったようだが、これを丸く納めて工事は鹿島組によって
本格的に始まった。

ここで新たな問題が出てきた。当時、日本の芝は冬に枯れるもので、外国の常緑芝は日本では育たないと云われていた。しかし、駒沢コースのグリーン委員長であった相馬孟胤は、海外の選手と互角に戦うには海外と同じ常緑の芝が不可欠であると常々考えており、「プレー中も足元の芝ばかりに目がいって、プレーに力が入らなかった」と云っていた。ある日、相馬が駒沢コースをプレーしていた時、冬枯れした芝の中に緑の芝があるのを見つけた。

　早速、帝国大学の植物教室にその芝を持ち込んで調べてもらったら、ベントグラスの一種であることがわかった。その芝は10年ほど前に、岩崎男爵[17]が外国から取り寄せた洋芝の種を、駒沢コースのあちこちに蒔いたものが生き残っていたものであった。相馬は10年も前に蒔いた芝が生き残っていたことは、日本でも常緑の西洋芝が生育可能であると結論して、その芝を「駒沢ベント」と名付けた。早速、役員の了解を得るとともに、アリソンに相談して膝折れのコースに日本で初めて常緑の西洋芝を用いることが決定された。しかし、相馬の発案は工事内容を大きく変えることになり、予算はさらに膨れ上がった。

　予定を変更して、西洋芝のコースを造るために、新たに米国からコース造りの専門家のジョージ・ペングレースを招いて工事の全てを任せ、鹿島組もジョージの指揮下に入れた。また、アリソンの要望で英語が話せる大学出の技術者も雇った。さらに西洋芝を育てるにはコース全域に新しく潅水設備が必要となり、その水量は当時人口3万人の町にも匹敵するものであった。

　鹿島組の工事担当者は当時を振り返り、「当時の膝折村はまことに寂しいところでした。雑木林を伐採して平らな地面に起伏を造り、穴を掘ってバンカーを造り、グリーンやティーには盛土をした。また、西

（写真提供：東京ゴルフ倶楽部　アリソンの設計図3番ホール）

洋芝の床土には新しい客土が必要となり、その面積はグリーンが4,491坪（14,820㎡）、ティーグランドが3,375坪（11,138㎡）、フェアウエイ、53,980坪（178,134㎡）の合計61,846坪（204,422㎡）の広大な面積となった。コースの客土は一里ほど離れた場所からトラックで運んだが、車が足らず牛馬に荷車を曳かせて、15,000㎡の砂と60,000㎡の客土を運んだ。その作業だけでも延べ6万人を動員した」と回想している。

　一方、工事を合理的に進めるジョージの仕事ぶりには目を見張るものがあり、各地から大勢のゴルフ場関係者が見学にきていた。当時は鹿島組にもゴルフ場造りの経験者はおらず、ジョージの言葉を一々通訳を介して業者に伝えるため作業は時間がかかったが、やがてジョージが求めることを理解するようになり、細部の造形は造園業者に任せることができた。

　何かと苦労が多かったが、ようやく20万㎡を超えるコースの造形が完了して、昭和6年（1931）の9月10日から、ベントの種蒔きを始め約10日間で終えた。しかし、これで終わった訳ではない。発芽したばかりのベントの幼芽が豪雨で流されたり、やっと緑になった芝生が病気で枯れたり、冬には霜柱でせっかく活着していた芝が持ち上がって枯れるなど、経験のないことばかりで苦労の連続であった。ベント芝を育てた経験のない日本では、すべてが試行錯誤の繰り返しで、相馬は毎日のように現場に顔を出しては、一喜一憂の日々が続いた。

　コースはアリソンの設計とジョージの適切な現場指導、そして計画を忠実に具現化した鹿島組など、多くの人たちの努力が相まって、日本で初めて常緑芝のコースが完成した。1932年（昭和7年）5月に多くの紆余曲折を乗り越えて、東京ゴルフ倶楽部は駒沢から膝折に無事移転した。

　膝折村は、源平時代の合戦で、ある武将が乗っていた馬が膝を折り、武将は投げ出されて討ち死にしたと云われる所で、そこからこの地が膝折と呼ばれるようになった。地名の由来を聞いた発起人たちは、新しいゴルフ場の名前が「膝折」では縁起が悪いとして、東京ゴルフ倶楽部の名誉総裁である朝香宮鳩彦王（18）の一文字を頂き、昭和7年に「朝霞ゴルフ場」と命名した。膝折村でもこれを機に町名の改名運動がおこり、

地名に膝折を残しつつ「朝霞町」と命名した。今も朝霞市役所には、当時東京ゴルフ倶楽部のキャプテンであった井上四郎子爵（19）から出された、町名改称許可書が市の文化財として保管されている。

　昭和7年（1932）5月1日の「東京ゴルフ倶楽部・朝霞ゴルフ場」開所式は、120余名の関係者を前に朝香宮殿下の始球式で始まった。コースは本格的な18ホール（6,700yd.par69）で、コースの隅々まで常緑の芝で覆われて、東洋一美しいコースと絶賛された。また、倶楽部ハウスを設計したのは、帝国ホテルを設計したフランク・ロイド・ライトに師事した、米国の「アントニー・レイモンド」である。

　結局、総工費は当初の予定を大きく上回り、土地買収費も含めて160万円を超えて、一般的なコースの3倍から4倍にもなった。しかし、会員たちはそのことよりも、世界に通用するコースに仕上がったことを心から喜んだ。また、コースを設計したアリソンも「米国の一流プレイヤーを対象としたトーナメントコースをイメージして設計した」と、自らの設計に満足していた。赤星四郎ら日本のトップアマも「アウトは非常に感銘深い造形で変化に富んでおり、インはホール毎にプレーが盛り上がる感があって、息苦しくなるほどの感動を覚えた」と絶賛している。

　昭和10年（1935）には、「第8回日本オープンゴルフ選手権競技大会」が朝霞ゴルフ場で開催され、昭和15年（1940）には「第13回大会」も開催された。しかし、その頃には日増しに戦時色が濃くなっており、昭和15年（1940）3月には陸軍予科士官学校用地として、朝霞コースは買収されることが決定された。

　数々の問題を乗り越えて、東洋一美しいと賞賛された朝霞コースは、わずか8年で閉鎖されることになった。関係者の落胆は大きいが、軍の命令を拒むことはできなかった。朝霞コースのキャプテンであった木戸幸一 (20) は、昭和16年（1941）3月16日に朝

（写真提供：東京ゴルフ倶楽部　フランク・ロイド・ライトとアントニン・レイモンド）

霞コースでの最後のプレーを楽しみ、日記に「快晴、温暖無風、絶好の
ゴルフ日和なりき」と書き残している。

　その後、朝霞コースの移転先を埼玉県の三芳村に決めて、70%ほどの
土地買収が進んだ頃になって農地法が改正されて、農地の買収を続ける
ことができなくなった。また、その頃にはゴルフは敵性ゲームと見なさ
れるようになり、ゴルフ場の移設はさらに難しくなっていた。丁度その
頃、埼玉県で建設中であった「秩父カントリー倶楽部」との間で対等合
併の話しが成立して、新理事長には東京ゴルフ倶楽部の後藤文夫[21] が
就任して、昭和15年（1940）11月20日に、「東京ゴルフ倶楽部・狭山コー
ス」が発足した。コース設計は大谷光明が担当して、工事は安達商会が
請け負った。同年12月15日には18ホールのコースが完成して開場式が行
われた。しかし、戦時色はさらに強くなっており、ゴルフ用語は敵性用
語に指定されて、ゴルフは「打球」、グリーンは「球孔区域」、ティーは
「打ち出し区域」、キャディーは「球童」などに改名させられた。開場し
て間もなく戦争が始まり、コースは陸軍の天祥部隊に接収され食糧増産
の畑となった。昭和16年（1941）12月8日に始まった太平洋戦争も、昭
和20年（1945）の8月14日には終戦となり、日本軍は解体されて兵隊た
ちは国元に帰っていった。同年9月30日には9ホールを復旧して再開準備
ができたが、10月2日になって日本軍と入れ替わりに進駐軍の第97歩兵
部隊が来て、倶楽部ハウスは即日接収されて宿舎となり11月2日には米
国旗が揚された。

　進駐軍はこの時点ではコースの使用は妨げないとしていたが、翌年4
月9日になって、朝霞駐屯部隊の第1騎兵旅団によってコース全域が接収
された。さらに、昭和25年（1950）9月25日には、米軍の横田航空隊によっ
て再接収され、倶楽部ハウスの玄関には「YokotaGolfClub」の看板が掲
げられた。結局、コースが最終的に米軍から返還されたのは昭和28年
（1953）になってからで、終戦から8年を経てコースの自主運営を再開し
た。東京ゴルフ倶楽部の活動はその間も続けており、昭和24年（1949）
9月には、戦争で解散していた関東ゴルフ連盟も復活して活動を開始し
ている。

そして、昭和30年（1955）に「社団法人東京ゴルフ倶楽部」となった。昭和38年（1963）には、創立50周年記念事業として倶楽部ハウスの建て替えが決議され、設計は朝霞ゴルフ場の倶楽部ハウスを設計した、アントニン・レイモンドに依頼した。なお、この倶楽部ハウスは平成30年（2018）に国登録有形文化財（建造物）に指定された。

（写真提供：東京ゴルフ倶楽部 創設当時の狭山コース7番ホール）

脚注

（1）1869~1932日銀総裁、大蔵大臣、貴族院議員、などを歴任。後に血盟団によって暗殺される。。

（2）明治17年に創設された社団法人で国際親善と会員相互の親睦を目的として創設。

（3）たばこで財を成した村井吉兵衛の妹キミの入り婿（男爵真木長義の四男）で村井銀行の役員

（4）1877~1955、元三越社長、帝国生命保険社長。東京芝浦電気、王子製紙の役員、マリンバ協会創設者、

（5）横浜根岸のゴルフクラブ、「ニッポン・レース・クラブ・ゴルフィング・アソシェーション」の略。

（6）1894~1972、後に国王エドワード8世となる。米国のシンプソン夫人との結婚で退位して王室から去る。

（7）1885~1961。京都生。浄土真宗本願寺派21世大谷光尊の三男。法主の後継

者となったが大正3年引退。本願寺派管長事務代理。文学寮卒業後英国に留学、ゴルフに没頭。草創期の日本ゴルフ界に大きな影響を与える。大正13年東京ゴルフ倶楽部の代表として、日本ゴルフ協会（JGA）創設に尽力。大正14年再度英国に赴きコース設計を学ぶ。日本アマ・日本オープンの競技開催を実現した。

(8) 神戸GC、根岸GA、東京GC、鳴尾GC、舞子CC、程ヶ谷CC、甲南GC

(9) 1895～1971、実業家赤星弥之助の四男。赤星六郎は実弟。1913年渡米。ペンシルベニア大学卒業。1923年スタンダード・オイルに入社。コース設計理論を学ぶ。パインハーストで優勝。弟とともに日本のゴルファーの育成・指導。1926年、1928年の日本アマチュアゴルフ選手権優勝者

(10) 1901～1944。実業家赤星弥之助の六男、米国留学中にパインハーストのトーナメントで優勝。第1回日本オープンで優勝、第19、21回の日本アマチュア優勝、兄四郎と日本のアマチュア、プロの育成に努める。コース設計家。

(11) 1887～？衆議院議員で工學博士の白石直治の長男。母は吉田茂の姉。東京大学卒、松原炭鉱会社長、東京商業貿易竹内工業各界社の重役、小松製作所初代社長。日本で初めてゴルフ教則本を執筆。

(12) 1889～1936。旧相馬藩31代目で子爵。帝国大学で植物学を学ぶ。フランス留学でゴルフを覚え、東京ゴルフ倶楽部のグリーン委員長、駒沢コースで常緑芝（ベントグラス）を発見。著書に「常緑の芝草」があり日本での西洋芝の試験報告の元祖といわれている。

(13) 1869～1951。英国の巨匠と呼ばれるゴルフ設計家。Colt・Alison & Mollison社を設立

(14) 1883～1952。コルトのパートナー、高齢になったコルトの代行として日本で朝霞コース、川奈GC、廣野GCなどを設計。

(15) 1888～1976。帝国ホテルを設計したフランク・ロイド・ライトの共同建築設計家。チェコ出身。

(16) 1875～1947。盛岡藩士葛西晴寧の長男、東京帝大土木学科を卒業、逓信省鉄道局に勤務。同年鹿島岩蔵の長女と結婚、鹿島組副組長となる。岩蔵の死去後3代目鹿島組組長となる。昭和5年鹿島建設㈱に改め初代社長となる。東京土木建築業組合会長などを歴任した。

（17）岩崎弥之助の長男。東京帝大法科中退。明治38年ケンブリッジ卒業。帰国後三菱合資会社の副社長。明治41年父弥之助の死去に伴い男爵を継承。大正5年に三菱財閥の4代目となる。

（18）久邇宮朝彦親王第8王子。明治39年朝香宮家を創設。明治43年明治天皇皇女允子内親王と結婚。学習院を経て陸軍士官学校卒業、後に近衛師団長となる。貴族院議員。戦後GHQの命により皇籍離脱。

（19）1876~1959。工学者、政治家、貴族院子爵議員。東京帝大工科学科卒業。銀時計授与。明治33年東京帝大工科大学助教授となる。34年ドイツ、アメリカに留学。若槻内閣で鉄道大臣。日本交通協会長、東京倶楽部理事長、通商産業省顧問、日本技術士会会長など歴任。

（20）1889~1977明治の元勲木戸侯爵の孫。京都帝大卒。昭和天皇の側近・貴族院侯爵議員。初代厚生大臣昭和15年に開催予定の東京オリンピックの開催権返上を決定。

（21）1884~1980官僚、政治家、戦前は農林大臣、内務大臣等歴任。戦後、戦犯となる。その後原子力発電や青年会議所の設立に係る。

第IV章

創生期の
日本人プロゴルファー

1 日本最初のプロゴルファー福井覚治(1892~1930)

（写真提供：日本プロゴルフ殿堂）

　日本で最初にプロゴルファーとなったのは、大正9年（1920）10月3日に創設された舞子カンツリー倶楽部（9ホール）の、キャディーマスター兼プロゴルファーとして採用された、福井覚治で当時28歳であった。覚治は六甲山の麓の神戸市魚崎町横屋で、農家の福井藤太郎の次男として明治24年（1891）に生まれた。幼名は覚次郎で、覚治を名乗ったのはプロになってからである。生家は海辺に近く、神戸ゴルフ倶楽部（以下神戸GC）の創設者グルームが、明治31年（1898）に長男の宮崎甕次郎名義で購入していた、広い空き地の北西に隣接していた。

　神戸GCの創設者の一人で、無類のゴルフ好きであったウイリアム・ジョン・ロビンソン[1]が、その空き地に冬でもゴルフができるコースを造ろうと、グルームからその土地を無償で借りてゴルフ場を造り始めた。覚治の父藤太郎は、隣にゴルフ場を造る話を聞いて、率先してコース造りを手伝った。予定地が海沿いの砂地であったため、グリーンとティーグランドには、六甲山の麓から真砂土を馬車で運んできて砂と混ぜて固めた。コースは自生していた葦や雑草を抜いたり鎌で刈っただけであったが、何となく英国風のリンクスコースに仕上がった。

　明治37年（1904）には、日本で2番目となるコースが6ホール（1,196yd）で完成して、外国人会員13名で「横屋ゴルフ・アソシエーション（以下、横屋GA）」が創設された。

　コース造りに協力した藤太郎は出来上がったコースの管理を任されて、自宅の一部をクラブハウスとして提供した。

覚治の姉たちも飲食の準備やキャディー
の手配を行うなど、一家総出でロビンソン
を支えた。藤太郎は当時を振り返り「外人
さんたちは、クラブハウスとして貸してい
た自宅の座敷を、靴のまま歩くので困った
が注意するにも言葉が分からず、諦めるし
かなかった」と回想している。

（写真提供：神戸ゴルフ倶楽部
横屋ＧＡ　当時のキャディー達左から２
人目が福井覚治）

　そんな縁から、ロビンソンは当時12歳の
覚治を可愛がり、専属キャディーとして1
カ月に6円の給金を与えた。当時、警察官
の月給が8円程の時代で、子供の覚治は破
格の給金が与えられていた。

　その頃、六甲山の北麓と南麓に住む少年たちは、学校が休みになると
六甲山頂の神戸GCにアルバイトキャディーに行っていた。覚治も六甲
山でキャディーをしていたという説もあるが、元神戸GCの南岡支配人
の回想録には、覚治がキャディーをしていた話は出てこない。

　覚治のゴルフは幼少の頃に、ロビンソンから手ほどきを受けただけで、
以来独自に体得したものであった。

　覚治が手作りクラブでロビンソンから貰ったボールを懸命に打ってい
る姿を見て、会員のジーゲルトは子供用のドライバーを1本与えた。一
所懸命練習する覚治は日増しに上達して、15歳になった或る日、ロビン
ソンからドライバーを借りて打ったボールは、2番（215yd）ホールのグリー
ンオーバーした。それを見
ていたロビンソンは、覚治
の上達ぶりを喜んでマッシー
[2]1本をプレゼントしている。
その頃には、ロビンソンの
お相手をするほどの腕前に
なっていたが、ジーゲルト
から貰った子供用のドライ

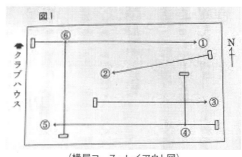

（横屋コース・レイアウト図）

バーではロビンソンに勝つことはなかった。しばらくしてロビンソンからドライバーを1本貰い、それ以降負けることはなくなった。覚治はその後もメキメキと腕を上げて、10代の後半には、外国人メンバーからレッスン料を貰えるほどになっていた。

　大正2年（1913）には横屋GAの会員は26名に増えていた。26番目の会員は、ロンドン帰りの横浜正金銀行神戸支店長の安部成嘉[3]で、横屋GAの最初で最後の日本人会員であった。このコースはロビンソンが私費で造ったため入会金制度はなく、安部は入会時に100円をクラブに寄付している。安部は入会して間もなく、横屋コースでただ一人の日本人プレイヤーであった覚治に挑戦して敗れ、以降覚治をゴルフの師としてレッスンを受けている。後に覚治は「安部さんにゴルフの手ほどきをしたことが、ゴルフレッスンを本格的に始めるきっかけになった」と回想している。しかし、その頃の覚治は理論的な指導は出来ず、球を打って見せるだけのレッスンであった。

　大正3年（1914）になって、グルームの事情から横屋の土地をサミュエル商会に売却することになり、横屋GAは止む得ず解散となった。ロビンソンは安部が入会から1年も経たずに解散することになったため、安部に寄付金の一部を返還した。ロビンソンは横屋のコースから撤退し

たがゴルフを諦められず、早速コースの代替え地を求め、安部と覚治を伴って候補地探しを始めた。いくつかの候補地の中には賃料の安い土地もあったが、明治43年（1910）にわずか2年ほどで閉鎖した、鳴尾速歩競馬場には芝がそのまま残っていたのでそこを借地することにした。ここにロビンソンと安部の設計で9ホールのコースを造り、日本で5番目となる「鳴尾ゴルフ・アソシエーション（以下、鳴尾GA）」を創設した。

　その頃、覚治は21歳になっており、ロ

（日本のゴルフ史より：安部成嘉）

ビンソンから鳴尾のグリーン造成を任され、コース設計にも意見を求められるプレイヤーに成長していた。また、ロビンソンから「ゴルフの指導やクラブの作りを一生の仕事にしたら」と熱心に勧められていた。覚治もその頃に「ゴルフの世界で生きようと決意した」と回想している。

　鳴尾GAの会員も、当初は神戸GCと横屋GAの外人会員が主であったが、大正5年（1916）には、30名余りの日本人会員が名を連ねるようになっていた。しかし、この土地も鈴木商店によって買収されて、工場建設のため大正7年（1918）にコースは6ホールに縮小され、更に3ホールとなったため、とうとう大正9年（1920）1月に鳴尾GAも解散することになった。

　同年、地主であった鈴木商店の社員38名が中心となって、残されていた3ホールのコースで、新しく「鳴尾ゴルフ倶楽部（以下鳴尾GC）」を結成してコースを6ホールに戻し、大正10年（1921）には9ホールとなってグリーンには芝が張られた。グラスグリーンは横浜の根岸に次ぐもので、関西では初めてであった。さらに、大正13年（1924）9月4日には18ホール（5080yd.パー68）のコースとなり、翌14年11月には洋風2階建てのモダンな倶楽部ハウスを完成させている。その頃には会員は89名に増えており、日増しに関西のゴルフ文化が開花していった。

　しかし、鳴尾GCが18ホールになってからわずか3年後の、昭和2年（1927）に起きた、昭和の金融恐慌の影響で鈴木商店が倒産し、土地は売却されてコースは9ホールに縮小され、猪名川コースの誕生に向うことになった。

　一方、大正2年（1913）に横屋GAが閉鎖したあと、関西のゴルフ場は神戸GCだけとなっていた。その頃、ゴルフにどっぷりとはまっていた南郷三郎 [4] は、私費（七万五千円）を投じて垂水に土地を求めてコース造りを始めた。設計は英国人プロゴルファーのグリーン（上海在住）に依頼して、大正9年10月3日に9ホール（2482yd）のコースが完成させて、「舞子カ

（写真提供：垂水ゴルフ倶楽部
南郷三郎）

ンツリー倶楽部[5]（以下舞子CC）」を創設した。ちなみに、南郷三郎は明治11年（1878）に神戸市の灘で生まれ、兄は講道館2代目館長の南郷次郎である。南郷は大正7年（1918）にアキレスを傷めて、リハビリに始めたゴルフの虜になり、神戸GCと鳴尾GAに入会している。後に、1924年に設立された日本ゴルフ協会（JGA）の初代チェアマンを務めるなど、日本のゴルフ創設時に大きな功績を残した人物である。

　一方、覚治は鳴尾GAの解散によって横屋に戻ったが、幸い横屋のコースは撤退時のまま放置されており、地主のサミュル商会は、覚治が使うことを容認していた。早速、覚治は一面ヨシの原野に戻っていたコースを復活させて、クラブハウスも以前の通り生家の離れを利用できるようにした。また、コースに近い青木には、日本で初めてとなるゴルフの室内練習場を設けて、クラブの製作と修繕のための工房も作った。

　この頃には、阪神間の富裕層の間でゴルフ熱が急速に高まっており、横屋のコースは新参ゴルファーにとって格好の練習コースであった。六甲山を背にして海辺に広がるコースは「春のうららかな日和や夏の涼風などここならではの味わい」と云われていた。

　しかし、大正11年（1922）に横屋コースの土地は、酒造会社に売却されることになり、覚治はコースから撤退せざるを得なくなった。一方、その話を聞いた南郷三郎は、伊藤長蔵[6]や羽山銓吉らを発起人にして、酒屋からそこを借地して「甲南ゴルフ倶楽部[7]（以下、甲南GC）」を設立した。コースは盛況で、その年の暮れには会員数は80名を超えたが、半数はゴルフが初めてであった。

　当時コースに出るには、一定のプレー技術とエチケットが身に付くまでは許されておらず、新参ゴルファーは自宅の庭に

福井教習所案内

事務所　神戸市三宮町二丁目（生田前）
　　　　阪神ゴルフアス倶楽部内
　　　　電話（三宮）三四一二
教授日割　月、火、木、金曜日午前十一時より午後十二時迄
　　　　（外土、日曜日舞子カンツリー倶楽部に於て）
教授料　毎参拾分　金貳圓
　　　　但し阪神ゴルフアス倶楽部會員に限り半額
クラブ　製作、改修、御誂に応じ可申候
申込　敎習御希望の向は豫め日時御打合被下度候
所主　福井覺次郎

（ゴルフ雑誌ゴルフ・ドムに掲載された福井教習所の広告）

ネットを張り、コーチを招いてレッスンを受けることから始めた。西村貫一[8]、マサ夫妻[9]も神戸の自宅に練習用のネットを張って、覚治のレッスンを受けている。阪神間のゴルフ熱は日増しに高くなって、甲南コースは連日ビギナーで賑わい、覚治のゴルフ練習場と小さな工房もますます忙しくなっていた。

　当時、覚治の元で修業していた越道政吉は2~3歳年下で、六甲のキャディー出身で、後に甲南GCに所属して日本で2番目のプロとなった。また、4番目にプロとなった宮本留吉は覚治より10歳年下で、茨木カンツリー倶楽部のプロになるために、覚治の家に4カ月ほど泊まり込んでプロとして必要なことを学んでいる。

　大正11年（1922）に南郷三郎、羽山詮吉、伊藤長蔵らは、神戸の生田神社前に「阪神ゴルファーズ倶楽部」を設立して、覚治も勧められて隣の倉庫に「福井ゴルフ教習所」を開設している。同年、大阪の梅田新道に大阪倶楽部がゴルフ練習場を開設し、続いて京都市内にも室内練習場が造られた。覚治はそこにも宮本留吉を連れて出張レッスンを行っている。当時のレッスン料は30分二円で現在の8000円ほどの高額な料金であった。この頃の覚治は未だ理論的な指導はできなかったが、ある時、

上海のプロゴルファーのグリーンとプレーした時に、「バックスイングが早過ぎる、右手を主体にして打っている」と指摘されたのがきっかけで、初めてゴルフのスイングを理論的に考えるようになったと回想している。

　大正15年（1926）、覚治は宝塚倶楽部[10]の依頼で、逆瀬川に3ホール（現在は36ホール）のコースを設計した。ここは富裕層だけでなく庶民もゴルフが楽しめると評判になり、阪急沿線の住人355名が会員となっている。覚治はここでもレッスンを依頼されたが、弟子の村木章[11]を専

（写真提供：垂水ゴルフ倶楽部 福井覚治のスイング）

属プロとして推薦して、自分は広島、雲仙、星が浦などのゴルフ場からの招請を受けてコーチに行っている。

　このコースは昭和3年に宝塚倶楽部から分離して、会員制の「宝塚カンツリー倶楽部」を創設し、今では36ホールを有する名門コースとなっている。

　同年7月に覚治は、茨木カンツリー倶楽部で開催された「第1回日本プロゴルフ選手権」で、弟子ともいえる宮本留吉にプレーオフで敗れたが、11月に同倶楽部で行われた「第1回関西オープンゴルフ選手権」では、2位の中上数一に8打差をつけて優勝を果たした。

　覚治のゴルフは、横屋コースの外人ゴルファーのフォームを見て覚えたもので、以来ほとんどが独学である。覚治は「ゴルフの師をしいて挙げれば、H・E・ドーント、W・J・ロビンソン、ホワイト・グリーン、ニコル、らを倣った」と語っている。

　話しは前後するが、覚治をプロとして迎え入れたのは舞子CCの創設者の南郷三郎であるが、南郷は覚治を倶楽部の専属として拘束せず、自由度を与えてゴルフの普及に貢献させたと考えられる。それによって覚治は、ゴルフの教習、ゴルフクラブの製造販売、ゴルフ競技への参加、プロゴルファーの育成、ゴルフコースの設計、ゴルフ雑誌の発行、など多岐にわたる活動ができたのである。また、当時はプロとしての資格制度などはなく、所属クラブがプロと認めればプロとして通用する時代であった。覚治に続いて2番目にプロとなったのは、甲南GCの越道政吉[12]、三番目が程ヶ谷CCに行った中上数一[13]、四番目は茨木CCの伝説的な宮本留吉[14]で、覚治の外は皆六甲のキャディー上がりであった。

　一方、伊藤長蔵はこれからゴルフは益々盛んになると予見して、大正11年4月25日に日本で最初のゴルフ専門誌「阪神ゴルフ」

（日本のゴルフ史より：伊藤長蔵）

を創刊している。伊藤長蔵は明治20年（1887）に、兵庫県印南郡の大地主の5男として生まれ、貿易商で巨万の富を築いた人物である。しかし、大正9年（1920）から始まった世界の経済混乱の余波で、現在の金額にして100億を超える負債を残して倒産した。伊藤は準禁治産者の宣告を受けたが、兄の伊藤長次郎は貴族院議員で、三十八銀行や伊藤土地など多くの会社を経営しており、兄のお陰で暮らしに心配はなかった。その後、伊藤は日本のゴルフ界の発展に尽力したが、二度と経済界に戻ることはなかった。

　なお、「阪神ゴルフ」の創刊資金はすべて友人たちが出資して、発行人も福井覚治郎の名義を使い、昭和19年（1944）の廃刊まで伊藤自身が表に出ることはなかった。また、伊藤はアリソンが設計した広野ゴルフ場の造成監督を務め、アリソンの意図を十分に理解して、世界のゴルフ史に残るコースに仕上げたのは彼の功績であるとも云われている。他にも覚治と伴に九州の別府ゴルフリンクス（9ホール）の設計を行うなど、日本のゴルフ史に欠かせない人物の一人である。伊藤のゴルフの腕前は、第1回関西オープンで6位に入るほどであった。

　その頃、関東では東京ゴルフ倶楽部の安田幸吉[15]や、横浜根岸の関一雄や[16]、程ヶ谷カントリー倶楽部の浅見緑蔵[17]などが、プロゴルファーとして次々と名乗りを上げていたが、時代はまだアマチュア全盛の時代であった。結局、覚治がプロゴルファーとして活躍したのはわずか8年で、日本のゴルフ業界が大きく発展していくことを願いつつ、昭和5年（1930）に37歳の若さで亡くなった。

　福井覚治は、日本のゴルフ創成期に初めてのプロゴルファーとなり、関西のゴルフ開花期に大きく貢献するとともに、日本のプロゴルファーの基礎を作った人物であった。その功績により2013年に「日本プロゴルフ殿堂」[18]に迎えて、その名を後世に残した。

　その後、甲南ゴルフコースは1934年の室戸台風で大きな被害を受け、さらに1938年の阪神大水害（表六甲山津波）の被害によって再起不能となって閉鎖された。現在、跡地は神戸市立中学校と瀬戸公園となっている。

余話

（日本のゴルフ史より：ロビンソンと
孫娘の緑ちゃん）

　西村貫一著書「日本のゴルフ史」ロビン
ソンの対話から。
「日本のゴルフの始め六甲。グルーム、コー
ンス、ギル、私、始めました。初めの冬、
藪に火をつけて焼く、皆灰芝の肥やしにな
る。そのこと三年同じのことする、中々悪
いの草死なない困る。六甲冬大変寒い。雪
降る。最初の年の冬、ゴルフできない。私
寂しい。私横屋でゴルフ始める。六甲を開
いた人グルーム、それよろしい。私横屋を
始めた人、月六円余り要る。メンバー13人
皆西洋の人、後になる、ドーント、ソレン
もメンバーになる。そのあと日本の人安部
さん、これ日本の人の初めて。横屋でゴルフするのとき六百円私一人出
します。永く横屋でゴルフする。サミュエ
ル土地買います。サヨナラ、それゴルフ出
来ない。止めます。私ゴルフ無い淋しい。
鳴尾にゴルフ造る。私一人四千円出す。九
つ穴できる。また、鈴木その土地買います。
工場建てます。六ホールになる。日本人で
遊ぶ人、久保、羽山、南郷、これ古い日本
のゴルフの話し、大変面白いなあアッハッ
ハハ」

（日本のゴルフ史：西村貫一
ロビンソンのティーショット）

(1) 1852~1931。神戸GCの創設者の一人。英国人の貿易商。日本のゴルフ創世期の一人として日本ゴルフ協会は「日本ゴルフ100年」に顕彰。

(2) 現在の5番アイアンに相当。クラブを番号で呼ぶようになったのは1940年以降。

(3) 1878~1975。加納治五郎の甥、日本綿花社長、舞子CC理事長、JGA初代会長。日中輸出入協会理事長、日本貿易振興会会長、貿易統制会長、財団法人日本貿易振興協会副会長など歴任。

(4) 南郷三郎によって創設（1920~1932）後に垂水ゴルフ倶楽部となる。

(5) 1887~1950。播磨の大地主伊藤家出身。兄は貴族院議員の伊藤長次郎。実業家であったが世界恐慌によって現在の100億程の負債を受け当時の日本の最大倒産となる。その後、経済界には戻らず日本のゴルフの発展に尽力する。

(6) 1922~1938。横屋GAの跡地に南郷三郎・伊藤長蔵が創設。阪神大水害で閉鎖となる。

(7) 1892~1960。兵庫県神戸市生れで花屋・旅館業を営む。大正5年頃ゴルフを始めて福井覚治に習う。大正13年鳴尾GCのキャプテン。昭和5年「日本ゴルフ史」を発刊。

(8) 西村貫一氏の夫人マサは5年連続関西婦人チャンピオン。

(9) 阪急電鉄宝塚沿線の人々の健康と社交の場として宝塚ホテルに創設、テニスコート。弓道場、射的場などがあった。

(10) 福井覚治より2~3歳下で同じ青木生まれ。六甲でキャディーの後、福井に師事する。後に甲南GAのプロとなる。

(11) 六甲でH・E・ドーントの専属キャディーを務める。日本で3番目のプロとされるが詳細は不明。

(12) 1902~1985。日本で3番目のプロゴルファー。日本初の国際的ゴルファー、ボビー・ジョーンズとの対戦もある。

(13) 茨木CCのプロ兼キャディーマスターとして4番目のプロとなる。米国のボビー・ジョーンズとのエキシビジョンマッチで勝利。明治生まれの国際的ゴルファー。

(14) 1905~2003。東京倶楽部（駒沢コース）でキャディーとなり、17歳で客と

のプレーを許され、その後プロとなる。20歳の時赤星六郎にアドバイスを受ける。第1回日本プロで優勝宮本留吉、安田4位。1927年に昭和天皇へ献上クラブ製作を作成。初代ＰＧＡの会長を務めた。

（15）横浜根岸でプロとなる。茨木CCで開催された第1回日本プロフェッショナルゴルフ選手権3位。関東から安田幸吉と参加。

（16）1903~1984。東京GC駒沢コースでキャディー。同倶楽部の安田幸吉の弟子となる。後に程ヶ谷CCに移籍、赤星六郎の指導を受けて同倶楽部初代プロとなる。第1回日本オープンで赤星に次いで2位。第2回日本オープンで19歳は初優勝、同年11月の日本プロ、20歳3ヶ月で師匠の安田と宮本留吉を抑えて優勝。

（17）日本のゴルフ競技に於いて偉業を達成し、ゴルフの発展に寄与した人物を顕彰する記念館。

2 宮本留吉（1902~1985）

（写真提供：日本ゴルフ殿堂
宮本留吉　1932年全英オープン
サンドウィッチにて）

　宮本留吉は、日本のゴルフ黎明期にプロゴルファーとなり、アメリカに渡ってボビー・ジョーンズと戦った唯一の日本人である。

　留吉は明治35年9月25日の生まれで、神戸の篠原町で床屋と雑貨屋を営む宮本菊次郎の6番目の子で、家族は12人の大所帯であった。留吉は尋常高等小学校の5年生の時から、近所の仲間と一緒に休みの日には六甲山頂の神戸ゴルフ倶楽部でキャディーをしていた。

　ある日、小学校の先生が家に来て「留吉君はもうすぐ卒業だが、彼は頭が良いので、学校の給仕をしながらでも、上の学校にやれないか」と云ってくれたが、父はその話を断って小学校を卒業すると、母親がやっていた雑貨屋の仕

入れや、摩耶山にある寺院への郵便配達や、農家の稲株起こしなどの雑事を手伝わせた。留吉は家の仕事をするようになってからも、キャディー時代に覚えたゴルフが忘れられず、暇さえあれば近くの広場にいって、山で拾ったボールを手作りクラブで打っていた。16歳になった時、父親が六甲山の8合目当たりで登山客相手の茶店を始め、別荘向けの食料品や雑貨も扱うようになった。そこでの留吉の仕事は、暗いうちに家を出て神戸まで10㌔余りを下り、云われた品物を仕入れて持ち帰ることであっ

た。仕入れた荷物は60kgほどにもなり、それを天秤棒の前後に振り分けて六甲山の茶店まで担ぎ上げるのは、大人でも容易な仕事ではなかった。

留吉は回想録の中で、「自分の足腰が丈夫なのは、子供の頃から六甲山の上り下りで鍛えたものだ」と語っている。また、登山客や別荘に人がいない冬場は、近くの雑木林から薪を切り出して神戸まで運んで売った。

ある年の冬、クローズになったゴルフ場の留守番をしていた元のキャディー仲間から、「六甲山の冬は冷えるから、高野豆腐を

写真提供：神戸 GC グルームの別荘
番人　上中亀吉

作って神戸で売ろう」と誘われた。留吉の役目は留守番小屋で作った高野豆腐を、三宮の市場に朝6時までに届けることだった。そこでの楽しみは帰りの朝飯に牛丼を食べることで、大盛りの牛丼を3杯も平らげて店の主人を驚かせた。ところがある日、高野豆腐を作っていた留守番小屋が火事になり、消防と警察にこってりと絞られて大変な思いをしたそうだ。もちろん高野豆腐作りはそれっきりとなった。

そんなこともあったが、相変わらず暇さえあれば六甲のコースに出向いては、キャディー達とゴルフの真似事をしていた。時には佐藤満支配人 [1] のキャディーをしたり、臨時のキャディーも引き受けたりしていた。支配人の機嫌が良い日は、お客のいなくなったコースで、プレーを許されることもあった。また、コースに誰もいなくなったのを見計らっ

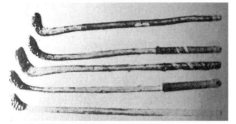

(写真提供：神戸ゴルフ倶楽部 手作りクラブ)

て、こっそりと奥の方でゴルフの練習をしたこともあった。留吉の回想録にはキャディー時代の仲間で、後にプロとなった上堅岩一[2]や先輩の越道政吉[3]とも、一緒に練習したと語っている。

ある日、支配人から急にキャディーを頼まれて、担いだバックが日本人ゴルファーの草分けの一人である南郷三郎[4]のものであった。南郷は機敏に動く留吉を気に入り、専属キャディーとするように支配人に依頼した。留吉は次の年も南郷の専属キャディーを務め、たまにはコースでボールを打たせてくれることもあった。

その頃、佐藤支配人は神戸市内にゴルフクラブの工房を持っており、留吉はそこにも顔を出して、見様見まねでクラブ作りや修理も覚えた。

六甲のコースは標高が高く、毎年11月には雪が積もってクローズになるため、冬場は元の仕事に戻って山から薪を切り出して神戸に運んでいた。ある日、伐採した木の中にクラブになりそうなものを見つけた。クラブに適するのはツゲの木で、直径10cm余りの幹から枝が真直ぐに1m余り伸びたものが良かった。それを一冬乾燥させてから幹の部分をヘッドらしく削り、枝をシャフトにした。留吉は出来上がった自作のクラブを持って5番ホールに忍びこみ、拾ったボールで試し打ちをしたところ、217ヤード離れたグリーンに1オンしたと言っている。写真のような手作りクラブで、200yd余りも飛んだとは信じがたいが、後日、そのクラブのグリップに細く削った竹ヒゴを添えて、南郷から貰った古いグリップをその上に巻いたら、クラブは握りやすくなって飛距離はさらに延びたと言っている。今で云うバックラインを入れた留吉のクラブが、グリップの原型になったとも云われている。

もともと留吉は器用な少年で、小学生の時に作った荷車の模型を見た大工の棟梁が、わざわざ父親のところに来て、留吉を是非弟子にしたいと申し込まれたこともあったそうだ。

それからしばらくして、キャディーで貯めたお金を持って佐藤支配人の工房に行き、ミッドアイアンのヘッドを一つ買って、自分で樫のシャフトをつけて初めて本物のクラブを持った。

　南郷の専属キャディーになって2年目の夏を迎える頃には、南郷もびっくりするほど留吉は上達しており、ある時、南郷のクラブを借りて六甲のコースを64で回ったこともあったそうだ。

　また、日本アマチュア選手権で2度ランナーアップになったことのある、C.G.オズボーンが東京から来たときに、230ヤードある18番に1オンさせたと評判になった。その時にも南郷のクラブを借りて、客のいなくなった同じホールで1オンさせるなど、留吉の負けず嫌いな性格は益々ゴルフにのめり込ませていった。

　19歳のとき些細なことで父親と口論になり、行く当てがないまま山を下りてしまった。留吉は六甲山の麓で馬喰[5]をしている親方に頼み込み、そこで壁土を荷馬車で運ぶ日雇い人夫で暮らしていた。そこに妹から「父の具合が悪いのですぐに帰ってくるように」と連絡があり、急いで家に帰って兄の卯吉と父を病院に運ぶ準備をしたが、父は明け方3時に亡くなった。享年54歳であった。父は前日まではいつも通りに元気で、布引の温泉に入ったあと散髪して、夜には好物のすき焼きを肴に酒を愉しんだそうだ。その事が兄妹にとっての慰めであった。その後、留吉は六甲山の茶店のこともあり山に戻ることとなった。

　回想録の中で、父が亡くなったのは徴兵検査があった年であったと語っているので、留吉が20歳の時であったことになる。留吉は徴兵検査の時、たまたま目を傷めて真っ赤に充血していたせいで第1乙種と判定されて、結局兵隊には行かにすんだ。

　六甲山の茶店に戻って、今後のことをあれこれと思案していたところに、別荘の斡旋業をしていた知人から、大阪で屈指の実業家である広岡

（写真提供：茨木カンツリー倶楽部 広岡久右衛門）

111

（写真提供：垂水ゴルフ倶楽部 舞子カンツリー倶楽部）

久右衛門[6]の別荘番兼キャディーの仕事を紹介された。広岡は米国のハーバード大学の大学院銀行科で学び、ボストン第一独立銀行やメトロポリタン生命で実務を経験した知識人で、加島銀行頭取や大同生命の社長も務めている。また、留学中に覚えたゴルフの腕前も相当なものであったと云われているが、何よりもマナーを大切にする人で、ゴルファーの手本となる紳士であった。留吉はその広岡との出会いによって、その後の人生が大きく変わることになった。

　当時、広岡は神戸GCと舞子カンツリー倶楽部（舞子CC）[7]の会員で、舞子CCへもキャディーとしてお供をしていた。留吉は広岡がプレーを終えてハウスで懇談している間もゴルフの練習をしており、その腕前は広く知られるようになっていた。そんな留吉を舞子の会員達はコースに引っ張り出して、250ydある1番ホールのグリーンにワンオン出来るか試し打ちをさせるなど、皆で留吉の豪打を見るのを楽しみにしていた。また、舞子CCの専属プロである福井覚治[8]や、アシスタントの越道政吉、ハウスキャディーの柏木健一[9]たちとも一緒に練習しており、皆で会員たちにショットを見せ合うこともあった。広岡の回顧録『茨木の思い出』の中にも「自分が昼食をしている合間にも留吉は柏木達と練習に励んでいた」と書かれている。舞子CCは留吉が神戸GCで2年間専属キャディーをした、南郷三郎によって創設された倶楽部であるが、留吉は南郷に舞子CCに連れていってもらった記憶はなく、南郷との直接的な関係は六甲のみであった。

　舞子CCは神戸と明石の中間にあり、当時の交通手段では不便な所で、広岡が住む大阪の天王寺からは片道3時間ほどもかかった。留吉は広岡が舞子CCでゴルフをする日は、前日に山を下りて神戸の姉のところで一泊して、翌朝三宮駅で広岡が乗っている汽車に合流して垂水駅まで行き、そこからタクシーでコースへ向かった。帰りは大阪の天王寺まで行っ

て広岡邸で一泊して、翌朝汽車に乗っ
て灘駅まで帰り、そこから徒歩で一時
間半ほど山を登ってやっと家に着くと
いう行程であった。留吉は広岡との出
会いによってますますゴルフとの縁は
深いものになり、広岡に雇われて2年
目には、彼の人生を決定付ける転機が
訪れようとしていた。

（写真提供：日本ゴルフで殿堂 宮本留吉）

　大正13年（1924）頃、関西には、神
戸、舞子、鳴尾、甲南、の4つのコー
スがあったが、それぞれ問題を抱えていた。神戸GCはサンドグリーン[10]
の旧式なコースで冬季はクローズで使えない。舞子CCは12ホールの変
則的レイアウト（後に元の9ホールに縮小）で、交通の便が悪く、コー
スは切られの与三郎と比喩される状態であった。鳴尾GCは9ホールで
変化の乏しい砂と葦のコース。甲南GCは便利だが6ホールの練習場的
なショートコース。と云われる状況で、いずれのコースも関東のコース
に比べて大きく見劣りするものであった。

　しかし、関西のゴルファーたちの熱意は関東に負けてはおらず、大阪
の実業家と財界有志で、「それならば、関東に負けない本格的なゴルフ
場を造ろう」と、用地買収のための土地組合を設立して候補地を探し始
めた。1922年末に大阪北部の茨木にゴルフ場に適した丘陵地があるとの
情報があり、広岡は仲間の進藤嘉三郎と加賀正太郎とともに、福井覚治
を従えて現地を視察した。結果は予想以上の好適地で、福井はこの地を
強く勧めた。また、大阪からの交通の便もよく視察者一同意義なく即決
された。翌1923年の春には土地組合によって用地買収を完了させ、「茨
木カンツリー倶楽部（茨木CC）」を創設して、同年12月23日には社団法
人となった。

　その頃、留吉はゴルフ上手として関西で評判になっており、茨木CC
の発起人たちは、留吉を倶楽部のキャディーマスター兼プロゴルファー
にしようと広岡に話を持ち掛けた。

　広岡自身も、日増しに強くなる留吉のゴルフへの情熱と卓越した技量を認めており、何とか応援してやりたいと考えていたところであった。また、舞子CCのキャプテンの南郷三郎や、室谷藤七[11]、鈴木岩蔵[12]、などからも「留吉の後見人となって彼の天分を開花させてやってほしい」と要望された。また、発起人一同からは、留吉に茨木のプロとして相応しい一切の修業をさせることも頼まれた。

　当時、広岡は茨木CCのキャディーコミッティの役職を引き受けており、留吉の説得には自ら当たった。その頃、関西にも職業ゴルファーと称する者が7〜8人は居たが、いずれも留吉の技量には及ばなかった。また、茨木CCを設計したスコットランド人のダヴィッド・フードは、プロゴルファーとしてのキャリアも豊富で、候補者の一人に挙げられていたが、彼はオセアニアのゴルフ界との関係が深く、いつ日本を離れるか分からないことや、レッスン料が高いことから、発起人たちはやはり留吉が適任であると判断した。

　話を聞いた留吉は、「自分は、お偉い人たちの相手は苦手で、とても務まらない」と何度も断った。しかし、大恩ある広岡から「分からないことは皆で助けるから」と繰り返し説得され、兄からも「お前が思うようにやればいい」と云われて、ようやく茨木CCのキャディーマスター兼プロゴルファーになることを決意した。

　早速、留吉は茨木CCの専属プロとなるために、プロとしての見識と技術を、舞子CC専属プロの福井覚治から学ぶこととなった。福井は留吉より10歳年上で、日本で最初にプロゴルファーになった人である。留吉は福井の家に下宿して、休日は舞子CCに出向き、平日は福井の自宅横の甲南コースで研修を受けた。また、福井に連れられて大阪や京都のゴルフ練習場にも定期的に出張して、アマチュアゴルファーのレッスン方法も学んだ。留吉はこの研修期間は4ヵ月ほどであったと回想している。

　福井は神戸GCの支配人佐藤満と並ぶ、日本におけるクラブ作りの先駆者としても知られていた。当時はクラブ作りの技術書などはなく、外国人ゴルファーや洋行帰りの日本人ゴルファーから聞いた断片的な情報を基にして、独自に工具を考案するなど、職人的な感覚で一本ずつ手作

りしていた。また、福井のクラブ工房では、甥の村木章（後に宝塚のプロ）や越道政吉（後に甲南のプロ）や津田義三良らが、ゴルフの練習をしながらクラブ作りを学んでいた。その頃には日本人ゴルファーも急速に増えて、福井の工房は日増しに忙しくなっていた。

　留吉は佐藤の工房で一通りクラブ作りの経験はあったが、本格的に習ったのはこの時であった。また、時間がある時はプレイヤーのいなくなった横屋コースで、福井たちと一緒にゴルフの腕を磨いた。

　留吉は当時のことを「ボールは皆より飛んだが、スコアのまとめ方は越道や村木に敵わなかった」と振り返っている。また、「福井さんからクラブ作りの技術を教わったこと

（写真提供：茨木カントリー倶楽部　第1回関西プロフェッショナル争奪戦　左から宮本留吉・関一雄・村上伝二・福井覚治・安田幸吉・越道政吉）

が、後になってとても役に立った」と話す一方で、「福井さんとはゴルフの技量は同じ位で教わることはなかった」とも云っている。後に書いた半生記には、「クラブ作りなどは手先の器用な者同士で、習うというよりも仲間で工夫し合っていた」と回想している。留吉は福井から多くのことを学び深く感謝している反面、負けず嫌いな性格の一面がここにも見られる。一方、福井の死後は彼の息子たちにクラブ作りを指導するなど、面倒見の良いところも見せている。

　いよいよ茨木CCの開場の日が近づき、下宿先を福井の家から大阪の広岡邸に移して、茨木CCのキャディー教育と開場準備が始まった。そして、大正14年（1925）10月1日に、関西で初めての本格的な18ホールのコース「茨木カンツリー倶楽部」が5812yd.par69で開場した。この日、日本で4番目のプロとなった留吉は23歳になっていた。

　広岡はこの日から、使用人であった留吉を「宮本さん」と呼ぶようになった。誠に紳士である。

　話しは遡るが、留吉より少し前に六甲でキャディーをしていた、六甲の天才少年と云われた同名の横田留吉[13]がいた。彼はキャディーを辞

めると家業の石屋を継いだが、もう少し生まれるのが遅かったら、宮本留吉の強力なライバルとなって、二人は違った人生を歩んだかも知れない。ゴルフ黎明期に生まれた二人のわずかな年の差が、大きく人生を変えることになった。宮本留吉に幸いしたのは、そのわずかな差で日本のゴルフ開花期に出会ったことであった。

　大正15年（1926）7月4日に、舞子、甲南、鳴尾、茨木の4倶楽部によって、日本で初めてのプロゴルファーの競技会、「第1回関西プロフェッショナル争覇戦」が茨木CCで開催された。参加は関西から4名、関東からは2名のわずか6名であった。コースは昨年開場したばかりで、関東から取り寄せた芝がコース全体に広がるのを待っている時期で、コースにはまだ裸地が多く、ローカルルールで「裸地に止まったボールは芝の上にプレースすることを可とする」としていた。しかし、競技の当日になって競技委員長から。「君らはプロだからノータッチでやれ[14]」と云われた。この頃は、プロゴルファーから競技委員長に意義の申し立てなどできる時代ではなかった。競技はストロークプレーで行い、1日に36ホールを回って、宮本留吉、福井覚治、越道政吉の3人

（写真提供：東京ゴルフ倶楽部　赤星六郎）

が161の同スコアとなった。6日後にプレーオフをすることになったが、越道がスコアの誤記で失格となり、決勝は留吉と福井の二人で争われることになった。結果は、留吉が7打差をつけて初めてのプロ競技に優勝して、純銀のカップを手にしたが、この時はまだ賞金はなかった。翌年この競技は「日本プロゴルフ選手権」と改名されて賞金も付けられた。

　留吉がプロになって1年ほど経ったころに、当時アマチュアゴルファーで最も有名な赤星六郎[15]が、茨木CCでラウンドすることになり、留吉は同伴プレーの機会を得た。その時の印象を「初めて見た赤星さんのすべてが驚きで、1番ホールに立った赤星さんは6尺超える巨漢で、ゴルフボールがこんなに飛ぶものかとびっくりした」と語っている。

留吉は9ホールに2打のハンディを貰ったが、全く歯が立たなかった。当時、留吉のグリップは英国人ゴルファーを真似たナチュラルグリップであった。それを見た赤星は「宮本、そんなグリップでは上手くならんぞ[14]」と指摘して、米国の「サラゼンのように、左手親指を外したインターロッキンググリップをやったらどうだ[14]」とアドバイスしている。

(写真提供：東京ゴルフ倶楽部 安田幸吉)

留吉は理屈が分からないまま、赤星から言われた通りにグリップを変えて練習を始めたが、手にはすぐにまめができて血が流れた。それでも「赤星さんが云うことだから間違いはない」と、自分に言い聞かせて、痛みをこらえて続けた。赤星はそんな留吉の才能を見抜き、倶楽部の理事に「東京へしばらく寄越してみたらどうだ[14]」と提案した。留吉は思いがけず、赤星の元で修業をする機会を与えられた。

東京ゴルフ倶楽部の駒沢コースでの研修中に赤星とラウンド出来たのは1度だけであったが、それでも赤星のスイングを間近に見ることができて一言二言のアドバイスも貰えた。また、赤星から言われた「ボールをクリーンに打て」の理屈も少しずつ理解できるようになった。ここで知り合えたのが、当時キャディーマスターをしていた安田幸吉[15]で、1カ月半の研修を終えて大阪に帰るときには、安田は弟子たちと一緒に送別ゴルフを催してくれた。留吉は「安田とは技量はほぼ同じだが、メンバーに接する態度は実に礼儀正しく立派であった」と語っている。その後、安田との交流は終生続いた。

それから3年後の昭和4年（1929）に、日本ゴルフ協会[17]は初めて外国ツアーの参加を表明して、関西から宮本留吉、関東からは安田幸吉の二人を選抜してハワイアンオープンに派遣した。結果は留吉が11位で賞金75$を手にし、安田は17位であった。留吉は「初めての外国勢との戦いとしてはまずまずの成績であった」と回想している。

それから2年後の昭和6年（1931）に、日本ゴルフ協会は初めてアメリ

カ本土のウインタートーナメントに、宮本留吉、安田幸吉、浅見緑蔵 [18] の3名を派遣した。このトーナメントは12月から1月の約2か月間で、アメリカ各地を転戦する長期のツアーであった。

　ツアーが終わると安田と浅見は帰国したが、留吉は一人アメリカ残って、広いアメリカ大陸を車で移動しながらアメリカのツアーに参戦した。この時の費用は、茨木CCの役員たちが留吉を世界に通じるプロに育てるための費用として会員に寄付を募ったもので、旅費と滞在費として3000$ [19] もの大金を留吉に与えていた。

　アメリカでは「日本から来ている小さなゴルファーが結構飛ばす」と評判になっていた。その噂を聞いたボビー・ジョーンズが、留吉とのエキシビジョンマッチを望んでいると、フロリダに滞在中の留吉の元に届けられた。

　当時、ジョーンズは引退して、オーガスタ・ナショナル・ゴルフクラブ [20] の設立と、マスターズ・トーナメント [21] の創設に奔走していた時期であった。留吉は初めて会ったジョーンズの印象を「ふっくらした面長の顔つきだが、目つきは鋭かった」と語っている。引退したとは言えジョーンズの人気は変わらず、開場のパインファーストのNo.2コース [22] には朝早くから数千人もの観衆が集まっていた。試合は留吉とジョーンズの他に2名の選手が加わってダブルス方式で始まった。

　初めて見るジョーンズのプレーは少しも衰えを感じさせず、ティーショットは260ヤードを超えた。他の2人はその手前で止まり、留吉の打った球はジョーンズの真横に並んだ。それを見たジョーンズは「トム、5ドルを賭けよう」と持ち掛けた。アウトが終わってジョーンズの1アップ、インに入って15番で逆に宮本の1アップと一進一退となった。最終ホールでジョーンズが打った球がバンカーにつかまり、留吉の2アップで終わった。世紀のグランドスラマーのジョーンズに、日本から来た小さな体の留吉が勝利したのである。ギャラリーの中には日本からの移民者も多く、まさかの結果に観衆は大興奮して、留吉は握手攻めで小さな体はもみくちゃになった。試合後のインタビューで留吉は「私の生涯で最も輝かしい日である」と満面の笑みを浮かべて喜びを語った。

ロッカーに帰るとジョーンズが「ヘーイ、トム」と呼び、笑いながら賭け金の5ドル紙幣を差し出した。留吉はその紙幣にジョーンズのサインをもらい、一生の宝物として額に入れて自宅に飾った。その5ドル札は、1974年に日本ゴルフ協会が廣野ゴルフ倶楽部[(23)]にゴルフミュージアムを設立した時に寄贈している。また、アメリカで留吉と交流を深めたプロも多く、ジーン・サラゼン[(24)]もその

（米国のパインハーストでのエキジビションマッチでジョーンズと並んで歩く宮本留吉）

一人で長く文通が続いた。「トム・ミヤモト」は「トミー」の愛称で呼ばれ、当時アメリカで最も愛された日本人であった。

さらに、留吉は日本人として初めて、「全英オープン」に参加するためにアメリカから単身イギリスに渡った。英国に着いて間もなく、日本大使館の吉田茂（後の総理大臣）から電話があり、「英国皇太子のエドワード殿下が、貴方とのゴルフを望んでいるのでお受けするように」と伝えられた。当日、指定されたコームヒル・ゴルフクラブで皇太子を待ったが、周辺に警備の人らしい姿はなく、場所を間違えたのではと不安になったが、しばらくすると殿下は自ら車を運転して現れた。留吉は殿下から握手を求められて大いに戸惑ったが、殿下の普通の人と変わらない仕草に親しみさえ感じた。殿下は大正11年（1878）に日本を親善訪問された時に、当時、摂政宮であった昭和天皇と東京の駒沢コースでプレーを楽しまれている。その後、イギリスの王位についてエドワードⅧ世となられたが、米国人で離婚歴のあるシンプソン夫人との結婚を望まれて王位から離脱された。

（Wikipedia：プリンス・オブ・ウェールズ London News July 1972）

　昭和7年（1932）の「第67回全英オープン」は、プリンセス・セント・ジョージとサンドウィッチの両コースを使って開催された。どちらもリンクスで平らなところはなく、ティーショットをフェアウエイに打っても、近くに行くまでボールの位置がわからない。その上、コースには目印となる木もなく距離もつかみにくい。グリーンは硬くて速い。ラフは腰より高く草が茂っている。風も強い。すべてが日本ともアメリカとも違う荒々しいコースで、一打一打が未知の経験であった。その時の英国紙には、「トム・ミヤモトが知っている主な英語はｍｉｓｓｅｄｐｕｔだ[14]」と書かれるほどグリーンに悩まされた。それでも何とか予選は通過することができたが、成績を語るほどではなかった。全英オープンが終わると再びアメリカに戻り「第36回全米オープン」にも出場するなど、留吉は日本で最初の国際的プロゴルファーとなっていた。

　留吉の数々の戦歴の中で、最も輝かしいのは「日本オープン」の6勝で、今も破られることのない最多記録である。特に昭和5年（1930）の大会では2位に19打差をつけての圧勝であった。

　終戦後、50歳になった留吉は東京に出て、銀座に室内練習場を備えたゴルフ用品販売店「フェアウエイ」を開店して、三鷹にはクラブ作りのための工房も作っている。その頃の日本は神武景気でゴルフが一大ブームとなっており、日本オープン6勝の偉業を持つ留吉の「トム・ミヤモト」の刻印クラブは絶大な人気で、ドライバー1本を注文して1年待ちは普通であった。留吉のクラブ作りは顧客一人一人のスイングを見て、顧客の体格と技量に合ったクラブ作りを信条としており時間もかかった。留吉にとってのクラブ作りは、老境に入ってからの楽しみであった。

　昭和60年（1985）12月13日、明治生まれの国際プロゴルファー、宮本留吉は波乱にとんだ生涯を静かに閉じた。享年83歳であった。

脚注
（1）神戸GC支配人業の他に三宮でクラブ工房を営業。後に三田GCの創設者。
（2）宮本留吉とは六甲のキャディー仲間、第12回日本プロ優勝。
（3）六甲のキャディー上がりで、福井に師事し甲南ゴルフ倶楽部で日本2番目のプ

ロとなる。

(4) 加納治五郎の甥で、日本製麻の初代社長を務めた。日本ゴルフ協会の初代チェアーマン。関西ゴルフ連盟の創設にも尽力。

(5) 牛馬の売買や仲介を生業とする商売人。

(6) 1890~1978、広岡浅子の義弟、大阪の豪商、大同生命3代目社長、ハーバードビジネススクールに留学中ゴルフを覚える。

(7) 南郷三郎が中心となって造ったゴルフ場。後に垂水ゴルフ倶楽部となる。

(8) 日本で最初のプロゴルファー。

(9) 六甲のキャディーを経て舞子の所属プロとなり、後に廣野GCのヘッドプロとなる。

(10) 砂と土を混ぜ合わせ締め固めたグリーンで芝は張られていない。

(11) 明治15年（1882）神戸生まれ。現一橋大卒。神戸GCで日本人初のスクラッチプレイヤー。第1回関西アマチュア選手権者。神戸GCの理事長など歴任。

(12) 鈴木商店創業者、岩次郎とよねの3男。帝人初代社長。

(13) 六甲のキャディー大会で3年連続優勝して天才少年と云われた。

(14) ゴルフ一筋宮本留吉回顧録、ベースボールマガジンからの引用。

(15) 1901~1944、鹿児島出身。米国プリンストン大卒。在学中「パインハースト・スプリング・トーナメント」で優勝。第1回日本オープンで浅見緑蔵に10打差をつけて優勝。ゴルフ場設計家。

(16) 1905~2003東京ゴルフ倶楽部でキャディーとなり、後にプロとなり宮本とともに海外遠征メンバーとなる。初代PGA会長。

(17) 1924年10月17日に神戸ゴルフ倶楽部他6倶楽部で設立。

(18) 1908~1984東京GCで安田の元でキャディーを務め、後に程ヶ谷CCに移り専属プロとなる。

(19) 現在の金額で1000万以上

(20) アメリカのジョージア州オーガスタにボビー・ジョーンズによって創設されたゴルフコース。

(21) ボビー・ジョーンズが創設した、世界一流の選手を迎えて毎年開かれる争われるトーナメント。

(22) アメリカ、ノースカロライナ州のパインハーストにある高級リゾートコースで現在8コースがある。

(23) 兵庫県三木市に1932年に開設された日本を代表する名門コース。アリソンの設計。

(24) イタリア系米国人。19歳でプロとなり翌年全米オープン・プロの2冠をとる。その後4大メジャー大会を制覇する。

第Ⅴ章

回顧録

第V章 回顧録

1 神戸ゴルフ倶楽部の元支配人南岡政一氏の回想

（写真提供：神戸ゴルフ倶楽部
アーサー・グルーム）

　このゴルフ場を造ったのはイギリス人のグルームさんと聞いていたが、私が勤め始めたのは大正8年で、グルームさんはその前年の7月に亡くなっているので、直接顔を見たことはありませんでした。

　私の家は裏六甲の八多町にあり、そこから六甲山頂のゴルフ場までは10㌔余りの道のりでした。姉の紹介で面接を受けた時に、佐藤満支配人 [(1)] の奥さんから生まれて初めてジンジャエールと云うハイカラな飲物をご馳走になりましたが、一口飲んで辛くて吐き出したことを今も覚えています。以来、私はここで74年間努めることになりました。小学4年生でアルバイトキャディーを始め、ハウスキャディー、キャディーマスター、グリーンキーパー、支配人代行、支配人、顧問など、ゴルフ場のすべての仕事を経験させてもらいました。

　当時、ハウスキャディーは16歳から19歳までの男子で、帆布を筒状に縫った小さなキャディーバックにヒッコリーのクラブ5~6本を入れて、それを担いで外人メンバーさんの後ろに付いて回りました。今もここではコースに持って出られるクラブは10本に制限しており、備え付けの小さな帆布のキャディーバックに入れ替えをお願いしています。当時キャディーは男子の仕事で、女性のキャディーは戦後になってからで、六甲では「球拾い」と呼ばれていました。その訳は、六甲山は初夏から7月にかけて霧がひどく、コースに出ても先が見えない日が多かった。そのため、キャディーはプレイヤーより先に行って、先行組がいないことを確認してから「モーイーヨー」と大きな声をかけると、プレイヤーはそれを聞いてボールを打つ。しかし、霧でボールが落ちた位置は見えず「ポトン」ならフェアウエイ、「ガサ」ならブッシュと聞き分けてボールを

探しました。慣れると結構見つけられるものでした。当時ボールはすべてが輸入品で中々手に入らない物でした。そのため、六甲のキャディーたちの仕事は、ゴルフクラブを運ぶことよりも、笹や灌木の中に打ち込んだ「球拾い」が主でした。上手にボールを見つけると褒められてチップが貰えることもあったが、逆に見つけられない時は駄目なキャディーとして叱られることもありました。しかし、外人メンバーさんは総じて幼いキャディーにやさしかった。冬になってゴルフ場がクローズとなると仕事が

なくなるので、自宅の仕事を与えてくれるメンバーさんもいました。私はハウスキャディーに昇格してからは、事務所奥の四畳半に住み込むことを許されました。しかし、六甲山には食料品や雑貨などを売っている店はなく、週に一度、仕事が終わってから山を下りて八多の自宅まで食料品を取りに帰り、ゴルフ場に戻ってくるのはいつも明け方でした。

　ハウスキャディーの仕事は毎朝6時から始まりました。仲間5~6人で手分けしてグリーンに砂を薄く撒いて、石のローラーで平らに均し、そのあとを稲わらのホーキで撫でまわして、ボールがスムーズに転がるようにするのが始まりでした。それが終わってからキャディーやコース管理の仕事に割り振られて、毎日10時間以上は働きました。尋常小学校を出たばかりの私は。仕事が辛くて何度か辞めようと思いましたが、親の反対を押し切って始めた仕事だったので頑張るしかなかった。私が一所懸命やっている姿がメンバーさんの目に止まっていたのか、ある日、理事のサンマースさんのキャディーをしたあとで、支配人に呼ばれて「お前はもうキャディーの仕事は今日で卒業や、明日からキャディーマスターをやれ」と云われました。この時、「外人さんはとても厳しいけど、ちゃんと見ていてくれているんだなぁー」と感激したことを覚えています。その後も、朝香宮様や伏見宮様が来られた時には、私はキャディーを命

じられていました。キャディーマスターの仕事はキャディーの手配だけではなく、各々の成績の評価をしなければならず、エクセレント、グッド、フェア、プアと分けるのですが、それによって給金や祝儀が替わるので、少し前まで一緒に仕事をしていた仲間のことを思えば、気が重くなることも有りました。

それでも、キャディーたちはメンバーさんから貰った古いクラブや、自分で木を削って作ったクラブで、外人さんを真似てゴルフを楽しんでいました。支配人はそれを見ていて、ゴルフに天分のある者は、仕事が終わってからコースで練習することが許されました。

六甲のキャディーで最も成功したのは宮本留吉さんで、私より6歳年上でした。自宅は表六甲の篠原町で、コース迄は比較的近く5キロほどの所でした。その宮本さんで思い出すのは高野豆腐の一件です。六甲山は標高が高くて冬場は雪が積もるので、毎年11月~3月までは休場となります。その間にキャディー仲間と高野豆腐を作って神戸の市場に卸していましたが、ある晩、宮本さん達が泊まっていた小屋が火事でまる焼けとなり、それっきり高野豆腐の話はなくなりました。

その後、宮本さんはメンバーの広岡久右衛門さんに勧められて、茨木カンツリー倶楽部（以下、茨木CC）で、日本で4番目のプロゴルファーになりました。大正15年には茨木CCで行われた日本で初めてのプロ競技、「第1回関西プロフェッショナル争覇戦」で宮本さんは優勝しました。

そのころ私は冬場の休場期間を利用して、週2~3回は表六甲へ下りて、ゴルフクラブの修理と英語の勉強に通いました。クラブの修理は宮本留吉さんの兄さん[2]に習い、英語は阪急六甲の関西学院の先生にお願いしました。おかげでクラブの修理と英語が少しできるようになり、メンバーさんとも片言の英語でお喋りして、クラブ修理も少しは手掛け

（写真提供：神戸ゴルフ倶楽部 駕籠に乗るソニークラフト会長とグルーム（右））

るようになりました。

　当時、神戸の街から六甲コースまでの交通手段は、人力車で麓の五毛天神まで来て、そこから「駕籠」に乗り換えて上がってきました。普通駕籠かきは2人ですが、身体の大きな外人さんの駕籠には3~4人の人夫が必要で、その分料金も高くつきました。他にも、時代劇の捕り物で見るような、棒の先が半月形になったもので腰のあたりを後ろから押し上げる、「あと押し人夫」もいました。ある日、大谷光明さんがあと押し人夫を雇って上がって来たとき、「狭い道を後ろからグングン押すから、道ばたのイバラにズボンを引っ掛けて修理代が高くついた」と笑っておられたことを思い出します。中には麓から歩いて登ってきて1ラウンドして、また歩いて降りる猛者もいて、ゴルフがそれほど面白いものかと感心していました。それにしても駕籠かき人夫たちは、身体の大きな外人さんを乗せて、麓から山の上までの急こう配を1時間半ほどで登っており、今では考えられない屈強な人たちでした。昭和4年には表六甲ドライブウェイが完成して、明治から続いた駕籠かき屋も消えていきました。

　平成5年に神戸で「アーバンリゾートフェア神戸」が開催されることになり、阪急六甲駅から六甲山頂のゴルフ場までの「駕籠かきレース」が企画されました。これは神戸GCの創業当時の交通手段を再現した催しでしたが、交通規制の問題から警察の許可が得られず実現しませんでした。

　話しは戻って、昭和2年頃にはゴルフ場の数も増えており、平地のゴルフ場はグラスグリーンが普通になっていました。それを見たメンバーさん達から「うちも何とかグラスグリーンにならないか」と、何度か相談がありました。そこで、倶楽部ハウスの前に100坪ほどの圃場を作って、ベントグラスの種を蒔いてみましたが上手くいきませんでした。昭和4年になって、今度は植木屋からコウライシバを仕入れて10番グリーンに張り付けたところ、予想外に上手くいったので、残りのグリーンも次々とコウライ芝を張りました。明治の開場以来32年間続いたサンドグリーンは昭和8年には全てなくなりました。この時は一日も早くグラスグリーンに変えようとして、満足にグリーンを均さないまま芝を張ったので、

（写真提供：神戸ゴルフ倶楽部 新設された
六甲ケーブル）

出来上がったグリーンは凸凹が多く、競技会を行うにはほど遠い状態でした。それでも褐色のサンドグリーンから鮮やかな緑に覆われたグリーンを見て、メンバーさんも私たちも大喜びしました。その時の工事には、道路が出来て仕事がなくなった六甲の駕籠かき屋さんを優先的に雇いました。

それからバンカーですが、開設当初から六甲のバンカーはグラスバンカーだけで、砂の入ったバンカーは一つもありませんでした。今あるバンカーは、グリーンの改造後に造ったもので、50個ほどあるバンカーはすべてサンドバンカーに変わっています。私事で恐縮ですが、昭和6年に結婚して、妻と二人で例の四畳半で暮らし始めましたが、当初は宿舎に水道も井戸もなく、妻は下の谷まで水汲みに行くなど、厳しい新婚時代を過ごしました。そのうち妻はクラブハウスで働き始め、外人メンバーさんとのやり取りが思いのほか性に合ったのか、皆に可愛がられてクラブハウスの仕事を楽しんでいました。ここで二人の子供が生まれましたが、山には産婆さんはおらず私の介添で無事に出産しました。山での生活は辛いことが多かったが、今となれば楽しかったことばかりが思い出されます。

昭和3年には有馬から山頂までのドライブウェイが完成し、翌4年には表六甲ドライブウェイが完成しました。それから昭和6年になるとロープウェイが開通して、昭和7年には六甲ケーブルも開通するなど、六甲山の交通便は一挙に便利になりました。

交通便が良くなったのを機に、懸案となっていた倶楽部ハウスの建て替えが決まり、設計は後に日本に帰化した米国人ウイリアム・メレル・ヴォーリズ[3]さんに頼みました。工事は昭和6年の10月に始まり、翌7年の3月に完成しました。出来上がったハウスは木造の平屋建てで、昔の居留地にあった商館を思わせるものでした。今どきの豪華なハウスか

ら見ると小さくて質素なものですが、この建物は神戸GCの創立の思い
を今に伝えるものです。工事にあたって理事のサンマースさんから、建
物の基礎コンクリートに山砂が使われないように、しっかりと監視する
ように何度も念をおされました。私は言いつけを守って工事期間中ずっ
と目を光らせていました。その甲斐あってか65年経った今も基礎はビク
ともしていません。その年、支配人の助手からキャディーマスター兼グ
リーンキーパーになりました。

　当時、六甲山に別荘を持っているメンバーさんは、夏の間そこで過ご
し、ゴルフをする時はハウスまで来ずに、別荘に近いホールからスター
トして別荘に近いホールで終わっていました。それも暑い時間を避けて
朝か夕方でした。別荘を持たないメンバーさんは倶楽部のチェンバーか、
昭和9年に開業した六甲山頂のオリエンタルホテルを利用していました。
中にはクラブハウスのロッカー室にキャンバスのベッドを持ち込んで、
寝泊りする外人メンバーさんもいました。六甲の外人メンバーさんはご
夫妻で来られることが多く、奥さんはご主人がプレーしている間、ハウ
スのテラスで編み物をしたり本を読んだりしながらゆっくりとくつろい
でいました。その後はお二人で食事をして、仲間と酒を飲みながらトラ
ンプなどをして、夜の10時頃まで楽しんでました。この光景は他のクラ
ブでは見ることのないもので、実に心和むものでした。別荘を持たない
メンバーさんは、仲間と一緒に近くの別荘を借りて、19番ホールと称し
て夜遅くまで騒いでいました。また、婦人メンバーさんたちのパーティー
も週に一度は開催されていて、午前中はゴルフをして、午後にはハウス
でブリッジなどを楽しんでました。この光景も今では見られなくなり淋
しい限りです。

　歴代のメンバーさんたちが楽しんだ、伝統ある倶楽部ハウスですが、
最近になって「手狭なって来たので立て替えたら」と云う声もありまし
た。しかし、六甲の心を象徴する文化財的なクラブハウスをいつまでも
保存すべし、とするメンバーの意見が圧倒的に多く、今もそのままに使っ
ています。

　話しは前後しますが、昭和10年頃には、ヨーロッパで戦争の兆しが強

くなっていましたが、それでもメンバーさん達は国籍にこだわりなく集っていました。その光景は平和で六甲ファミリーそのものでした。しかし、昭和12年の日中戦争の勃発につづき、昭和14年には英仏とドイツが戦争状態になって、ゴルフは次第に敵性スポーツとして非難されるようになりました。昭和16年にはとうとう太平洋戦争が始まり、外人メンバーさん達は次々と本国へ引き上げていきました。最後まで残った外人メンバーさんも昭和18年には引き上げていきました。

　戦争が始まると、各地のゴルフ場は軍に徴用されて、食糧増産のための農地に変わっていましたが、六甲山は標高が高くて農作物が育たないと云われて徴用は免れていました。戦争が始まってからも別荘に住んでいた日本人メンバーさんは、クラブを目立たないように風呂敷に包んできてプレーを続けていました。

　また、クラブ選手権も昭和17年までは細々と続けられました。しかし、昭和19年にはクローズ同然となって、コースは一面雑草だらけとなり、昭和20年には閉鎖となりました。その年の4月には、県の農業試験場によって12・15番ホールでジャガイモの試験栽培が始まり、5月には海軍薬品廠によって1.5.6番ホールが徴用されて、麻酔の材料となる朝鮮朝顔の栽培が始まりました。また、7月にはドイツから潜水艦で日本に来て、そのまま帰れなくなった将兵さんたちの菜園も作られました。幸い私の給与はこれらの賃貸料の中から貰えました。

　昭和20年2月には、神戸も大空襲を受けて一面焼け野原となりましたが、それから、わずか半年後の8月15日に戦争は終わりました。結局、六甲山で試験栽培されたジャガイモや朝鮮朝顔は収穫されることがないまま終

（右が南岡政一、左はサブキーパー谷光蔵、中央は進駐軍の監督）

わりました。神戸の街では終戦と同時に復興が始まり、神戸GCも昭和21年の3月には早くも理事会が開かれて、まず9ホールの復旧が決まりました。予算は当時の金で500万と決まりました。私は早速13名の人夫を雇って、4月初めに復旧工事を始めました。

　ところが、4月24日に突然3人の進駐軍将校が来て、「本日よりゴルフ場を接収するので一切品物の持ち出しを禁止する。命令に違反した場合は軍によって処罰する」と云って、倶楽部ハウスのあちこちに命令書を張り付けて帰りました。突然の事で何のことやら訳が分からず、当時の理事長であった今村幸男さんの所にすぐに報告に行きました。今村さんから、進駐軍との交渉は理事の小寺敬一さんにお願いするようにと指示されて、その足で小寺さんの所に行って事情を説明しました。その頃、全国のゴルフ場で同じようなことがあったと後になって知りました。

　それから2日後の4月26日には、進駐軍から至急ゴルフ場の復旧作業にかかるように命令されて、「責任者はグリーンキーパーのお前だ」と指名されました。幸いであったのは「復旧に必要な資材や人夫は、お前が必要なだけ使ってよい」と云われたことでした。私は早速、裏六甲から30人と表六甲から20名を雇い、復員してきた弟も手伝ってくれました。いざ復旧作業を始めてみると、芋の試験区や朝鮮朝顔を栽培していたコースは思った以上に芝がなくなっていて、復旧には芝か笹か分からないようなものを、あちこちから剥いできて張り付けました。それでも6月にはなんとか9ホールがゴルフ場らしくなりました。しかし、肝心のグリーンが使い物にならない状態でした。そこで以前に失敗したベントグラスのことを思い出し、悩んだ末に「夏でも涼しい六甲山だからベントグラスが育つ」と決心して進駐軍の監督に相談したら、1か月後に300ポンドのベントの種が空輸されてきました。早速、その種を大阪の伊丹地区の黒土と砂に混ぜて、雑草だらけのコウライグリーンを刈ってその上に蒔きました。今で云うオーバーシードでした。やがてベントグラスは発芽してグリーンは鮮やかな緑に覆われました。コース復旧の全責任を負わされていた私は、それを見た時の安堵感は今も忘れられません。

　出来上がったグリーンは、見た目はベントでも夏はコウライ、春と秋

は何とかベントのタッチでした。ともあれ昭和23年には18ホールが復元できました。しかし、問題は次から次へと出てきました。当時は、芝を育てる化学肥料などは手に入らず、昔ながらに牛馬糞や人糞を集めてきて、各ホールの隅にあった野ツボに溜めて発酵させ、それを薄めて雨が降りそうな日や、お客が帰った後でコースに撒きました。尿素などの化学肥料が手に入るようになったのは昭和27年頃になってからでした。その頃、関西でベントグリーンを採用しているゴルフ場はなく、何をするにも一人で考えるしかありませんでした。例えば、冬にグリーンを凍結から保護するには、カヤを編んだ物が良くて、藁だと目が詰まり過ぎて風を通さないので駄目だとか、今ではどこのグリーンキーパーでも知っている簡単なことも、全て一から経験によって学ぶしかありませんでした。云わば、私は関西におけるベントグリーン管理の先駆者でした。

また、当時の芝刈機には動力が付いておらず、グリーン刈る時は機械の前にロープを掛けて一人か二人で引っ張り、熟練者が後ろで機械を操りました。フェアウエイはギャングモアと呼ばれる幅広の刈込機を牛で引かせて刈り、ラフは大きな鎌で刈りました。しばらくして進駐軍が、米国からエンジン付きのグリーンモア2台を取り寄せてくれました。それで刈込はずいぶん楽になりました。

米軍の接収期間中プレイヤーは一日20~30人でした。将校クラスは夫婦でプレーして、あとはハウスでのパーティーをして楽しんでいました。その時の食材は持ち込みで、私の妻が料理をしていました。

その頃はまだ日本人にコースは解放されておらず、時々メンバーさんが来て、進駐軍に内緒でラウンドをさせることもありました。24年頃になって、理事の高畑誠一さんと小寺敬一さんが進駐軍と掛け合って、ようやくメンバーのゴルフが許可されました。

一方で軍の接収期間中も倶楽部の活動は続けており、神戸駐在の司令官ロッケル氏を名誉会員に迎えたり、倶楽部が開催する競技会にも進駐軍も参加させるなど、親睦もはかっていました。そして、昭和26年6月に進駐軍からコースは返還されました。その時、私は進駐軍から業務優秀と認められて、県知事から表彰されました。

結局、コースの復旧は進駐軍のお陰で出来たわけで、いよいよ神戸GCの再開に向けて準備が始まりました。しかし、神戸の事務所は昭和20年の大空襲でまる焼けになって、会員名簿など関係資料はすべて焼失していました。幸い私の手元にメンバーさん170名の名前が残っており、それを頼りに各メンバーさんに連絡をとりました。当時のメンバーには、大谷光明、高畑誠一[5]、広岡九右衛門、室谷藤七、乾豊彦[4]、など、戦前戦後を通じて日本のゴルフ界に貢献した人たちが多くいました。倶楽部再開の資金は、進駐軍がコースを接収していた期間の使用料を積立てた1100万が当てられました。

　昭和27年4月に、神戸オリエンタルホテルで戦後初めての総会を開き、出席したメンバーさん15名によって、神戸GCの再開が決議されました。幸いコースもハウスも直前まで進駐軍が使用していたので、明日からでも使える状態でした。早速この年からクラブ選手権を再開して、戦後初のクラブチャンピオンは、後に理事長となる岡橋泰一郎さんでした。

　昭和29年には創設以来、初めて大きなコース改造を行うことになりました。先ず17番のグリーンの改造を昔ながらの方法で、リヤカーや友人から借りたトロッコで土を運んでみましたが、人力で大掛かりな改造をするのは無理だと思い知る結果となりました。翌、昭和30年に初めてブルドーザーを入れて、すべての改造が終わったのは昭和37年でした。改造後もフェアウエイは、コウライシバ、ノシバ、ベント、それに笹や雑草が入交ったままですが、除草剤も使わずに刈込だけを続けました。結果的に標高が高く冬と夏との寒暖差が大きな六甲山では、芝だけよりも笹や雑草が混在した状態が良かったようです。

　明治、大正、昭和と、世の中は大きく移り変わりましたが、神戸ＧＣの伝統と格式はいささかも損なわれることなく、今に引き継がれてきました。これは、メンバーさんの誇りであり、大正の時代から働いてきた私の誇りでもあります。

　しかし、歴史を重ねる度に古いメンバーさん達は一人二人と20番ホールへと旅立ち淋しい限りです。倶楽部のメンバーさんは先代から息子さんやお孫さんへと移りましたが、今も昔と変わらない六甲ファミリーの

気風はその方々によって引き継がれています。

　私は長年六甲に務め、日本人のメンバーさんの中には4代にわたって仕えた方もいますが、特に思い出されるのは、結婚記念に背広を誂えてくれたサンマースさん、退職金の代わりにと、生命保険を掛けてくれたラッキーさんなどです。

脚注
(1) 酒屋の丁稚から山陽鉄道の車掌になり、後に神戸GCの事務員を経て35歳で支配人となる。その後庶民が楽しめるゴルフ場を目差して、三田ゴルフ倶楽部を創設。
(2) 仙吉、卯吉、巳之助の3人の兄が居り、該当者は不明。
(3) 4881~1964。英語教師として来日。米国生まれの建築設計家で、一柳子爵の令嬢満喜子と結婚後帰化して一柳米来留と改名
(4) 1907~1993。乾汽船社長。広野GC理事長やJGA名誉会長を歴任。
(5) 1887~1978。神戸工商卒、鈴木商店ロンドン支店長。日商岩井会長。日本火災海上保険社長等を歴任。関西ゴルフユニオンの設立に尽力。

2 ゴルフ場の芝生管理角田三郎氏の回想録から

　角田三郎は、軍隊生活の5年間を除いてその一生をゴルフコースの管理にかけて、近代のコース管理の基礎をつくったグリーンキーパーの一人である。角田は1938年（昭和13年）に川奈ゴルフ場から程ヶ谷カントリー倶楽部（以下程ヶ谷CC）に移籍している。本文は角田が1988年に日本芝草学会で発表した「ゴルフ場の芝生管理」を基に、日本のゴルフ場管理の創設中期から戦後までの様子を回想したものである。角田は冒頭に「何事によらず歴史を知り、それを振り返った過去の実績の上に今日があり、将来の展望が期待される」と、歴史を学ぶ事の大切さを述べており、まったく同感である。

　わが国の「コース管理」の歴史は、西村貫一の「日本のゴルフ史」や、

古い倶楽部の記念誌などから、多少のことは知る事が出来るが、残念なことに具体的な記録はほとんど残されていない。

　戦前は、ゴルフ場のコース管理知識や技術を学ぶための書籍や機会はほとんどなく、管理技術の情報は在留外国人ゴルファーや、欧米帰りの日本人ゴルファーが見聞した、コースの状態を教えてもらうことぐらいであった。コース管理の先人たちは、教えてもらった情報を一般農業の知識で解釈して、現場で試行錯誤を繰り返しながら知識と技術を確立していったが、科学的に根拠を追及する術はなかった。1960年代のコース管理は、ゴルフの上手な者や少数の植物学者からわずかな助言を受けながら、大部分は農業知識を基に実務者の経験から生まれたものである。

コース管理の推移

　東京ゴルフ倶楽部の駒沢コースは、大正3年（1914）に日本人が運営する初めてのゴルフ倶楽部として9ホールで創設された。ここでは日本で初めてコース全域に芝を張ったが、当時は芝生を生産する専門業者はほとんどおらず、原野から切り出した雑草混じりの芝生を市松模様に張った。そのため、張った芝が広がる間にコースのほとんどが雑草で覆われた。また、最初に造ったグリーンの大きさは100坪足らずで、根岸のグリーンを真似たため形はほぼ四角形になるなど、今では笑い話のような状態から始まった。

　そんな状況の中で忘れてならないのが、帝国大学で植物学を学んだ相馬孟胤子爵の西洋シバの研究業績である。相馬は昭和3年（1928）に、駒沢コースで冬場でも緑を保った芝を見つけて、それを培養して採取した種子を昭和5年（1930）に母校の帝国大学の植物学教室に持ち込み、常緑芝であることを確認した。後になって、この芝は大正8年（1919）に岩崎男爵が英国から取り寄せて、コースの一部に蒔いたものであることが分かった。同時にその芝の試験栽培をおこなっていた丸毛信勝博士[1]の研究結果も参考に、さらに各種の試験栽培をおこなって、相馬は日本でも生育可能であると結論している。東京ゴルフ倶楽部はその結果を基に、昭和6年（1931）に駒沢コースの移転先となる、朝霞コースの全域

を常緑の西洋シバとすることが決定された。もちろん日本で初めての試みであった。昭和12年（1937）には相馬のBentgrass研究を収録した「常緑の芝草」が発行されたが、残念なことにこの著書は東京GCの50年史に研究論文の一端があるのみで、本書を見つけることはできなかった。

また、昭和10年（1935）頃には丸毛博士の著書「コウライ・ベント両グリーンの施肥基準栽培法」も発行されたが、ゴルフ場で参考にされた様子はなかった。現場における芝生管理は先輩からの口述で引き継がれ、施肥なども一般農業の延長線上で考えて、キーパーが季節や芝生の色を見ながら感覚で決めていた。科学的根拠はなく所謂どんぶり勘定であった。

程ヶ谷カントリー倶楽部の創設

(写真提供：程ヶ谷カントリー倶楽部 最初のハウス)

程ヶ谷CCは東京の駒沢コースを創設した、井上準之助や森村市左衛門らが中心となって、大正11（1922）2月に創設された。コースの設計は米国のスコーキーゴルフクラブのプロゴルファー、ウォーター・フォバーグに依頼した。同年10月に9ホールを完成させて開場し、翌年4月には9ホールを増設して、18ホール（6109yd.パー69）となった。昭和7年（1932）にはクラブハウスの一角に丸毛博士の指導による、日本で最初の芝草研究室がつくられた。初代の研究室長は林孫太郎がグリーンキーパーと兼任して、研究成果が大いに期待されが、昭和12年（1937）日中戦争によって戦死された。研究室はその後も何人かのスタッフによって継続されたが、昭和16年（1941）のクラブハウス焼失によって今までの研究記録はすべて灰となった。その後、研究室が復活されたのは昭和31年（1956）であった。

角田は、川奈コースと程ヶ谷CCの管理経験から、昭和13年（1938）～昭和25年（1950）頃までのコース管理状況を、「今ほど来場者もなく、

高度な芝生の状態を要求されることもなかったように思う。したがって、芝生管理上の問題点も少なく、現在のように因果関係を考慮した複雑で多様な対応をすることはなく、科学的根拠の究明もあまりなかったように思う。当時のコース管理は、合理化された近代的な機械器具をはじめ各種の管理資材も乏しく、単純な作業の繰り返しで、多くの労力によって行われていた」と回想している。

戦争による中断

昭和15年（1940）には戦時色が強くなり、ゴルフ場のほとんどが軍に徴用されていたが、程ヶ谷CCはすぐには徴用されず、昭和16年（1941）には独自に農作部を設けて、馬鈴薯や野菜の栽培を始めた。しばらくはその状態が続いたが、昭和19年（1944）になってインコースが徴用されて海軍の飛行場となった。昭和20年（1945）4月になると、さらに戦局は悪化してコースの維持は不可能となり、4月15日にすべて閉鎖となった。4ヶ月後の8月15日には終戦となったが、それからわずか1か月後には米軍によってコース全域が接収された。クラブハウスは将校クラブとなり、畑と飛行場になっていたコースは安達建設に復旧させて、翌21年に米軍専用コースとなった。その後、日本人にプレーが許されたのは昭和26年（1951）になってからで、土日を除いて一日20名に限定された。結局、米軍の占有は昭和28年まで続いた。

以下、当時の模様を伝えるために、角田氏が発表された芝草研究第17巻第1号 P-83~86、1988年8月の「ゴルフ場の芝生管理」から日本芝草学会の許可を得て一部原文を転載した。

刈込について

六甲はもちろんのこと、駒沢においても程ヶ谷においても発足当時の刈り込みは、Fairwey、Roughはもちろんのこと、Greenにおいても一時期は鎌であったとのことである。程ヶ谷の20年史には、大正11年（1922）の6月の委員会で、モア（芝刈り機）、Fairwey用2台、Green用4台、牛

1頭、木製ローラー3台とある。駒沢もそうであったように、この時期はギャングモアは牛か馬で牽引している。東京GC50年史には、馬で牽引している写真がある。Green用のものは、おそらく14吋5枚刃の手押し式のもので、英国ランソン社製のものと思われる。昭和元年（1925）にはトラックター1台購入とある。キャングモア牽引用のもので、この時期までは牛馬による牽引であったことが推察される。筆者が昭和13年（1938）川奈コースに入社した当時は、前記程ヶ谷CCと同型のもので、刈込作業は重く、ベテラン女性が綱で前からモアを引っ張り、後ろでモアを操作する男性作業員とコンビでGreenを刈込んだ。刈込が一人前になるには綱引きから始め、モアが満足に操作できるまで1~3カ月を要した。Roughの刈込を含め、これらの作業が一通りできることが、当時のコース作業員としての第一歩であり、先輩からの厳しい指導を受けたものである。

肥料について

　ゴルフ場の創設期から昭和の初期までは化学肥料の使用は少なく、主として、有機的な魚粕、油粕、米ぬか、などを堆積発酵後使用され、直接また間接的に多く使用したのは人糞尿であった。しかし、昭和15年（1940）頃にはさすがに直接的な使用はほとんどなくなり、間接的な堆肥などの製造には戦後においても使用されていた。堆肥倉庫などは、東京GC、程ヶ谷CCなどには当時としては100坪（330㎡）ほどのものがあり、作業所も兼ねたもので後年目土倉庫としての大きな役目を果たしている。科学肥料の製造、または輸入は、山本グリーン㈱石岡部長の調査によると、過リン酸石灰明治20年（1887）、硫酸アンモニア明治34年、塩化カリ明治初年、硫酸カリが昭和元年であるとされている。実業界、財界人のメンバーが多かった当時のゴルフ場では、これらの人々を通じで比較的早く芝生の肥料として科学肥料を使用したように思う。この恩恵は大きく、昭和15年（1940）筆者は程ヶ谷CCにおいて、昭和10年（1935）大日本人造肥料で製造された「千代田化成」が使用されているのを見ている。科学肥料の出現は、わが国農業の一大飛躍であり、ゴルフ場にお

いてもその恩恵は非常に大きなものがあった。当時の化学肥料の施用は化成肥料が出来るまでは単肥の施用が主で、その量、施用時期等現在でも科学的根拠に疑問をもつものであるが、過去においては更にドンブリ勘定であり、季節、葉色等を規準に一般農業的なセンスで行われていた。

目土につい

目土は現在でもそうであるが、過去においても芝生栽培上重要な管理作業の一つであった。目土の効用については理論的に現在のような、エアレーション後の芝地の改善、あるいは、プレー上のターフの修正、改善などの明確な根拠はなく、単に栄養の補給、不陸修正、ターフの荒廃防止などを目的としたものである。用いられる目砂材料は、ほとんどが肥沃と思われる黒土を主体としたものであった。年間の施用回数は、Green、teeにあっては3~4回（1回5mm程度）、faiwayにあっては1回程度であった。目砂中の雑草に関しては除草剤によるケミカルコントロールは当然なく、除草剤による雑草防除は戦後においても昭和35年（1960）頃からCAT（シマジン）が使用され、殺草を主目的として開発された焼土機は昭和25（1950）年代の半ばから開発され、本格的に使用されたのは昭和30年（1955）以降である。

病害について

戦前におけるコウライシバに対する病害、生理障害の発生は少なく、昭和7年~8年（1932~1933）頃に丸毛博士やコース設計家の上田治氏[2]らが現在の「春ハゲ症」と思われる病害について発表している。また、大正14年(1925)には、堀、丸毛両氏が武蔵野CCでFusariumについて「白枯病」と命名、学会に発表している。赤さび病の発生は当時も多く、施肥量と発生について昭和8年に館氏[3]が我孫子CCのものを発表している。BentGrassやRayGrassの病害、生理障害については西洋芝導入当初より高温、多湿時にはその発生が想像されていた。病害の最も多いものはBrownPatchであり、相馬、丸毛の両氏をはじめ、程ヶ谷CCの研究室においては初代室長の林孫太郎氏らの実験研究は当時のBentGrass

の栽培に大きな貢献があった。BrownPatchの防除薬剤は、当初、石灰ボルドー液、その後、無水水銀である塩化第二水銀が主として使用され、ウスプルン、マラカイトグリーン等も逐次使用されている。これらは戦後においても昭和20年代の末まで使用されていたように思う。薬剤器具は二斗樽（約36~40ℓ）の水桶に一合瓶（180mmℓ）に溶かした原液を入れ水を満たし、五升入り（約9~10ℓ）の如雨露で一坪（3.3㎡）に散布、倍率は塩化第二水銀（50%）で3000~6000倍で土壌処理であった。

虫害について

　害虫の主なものは、コガネムシ類の幼虫とヨトウムシであり、その他に、モグラ、ミミズなどの動物の被害もあった。コガネムシ類など現在のような多くの種類の見分けはなく、ヒメコガネ、マメコガネを対象とし、計画的な防除は昭和10年（1935）以降であったようである。防除薬剤は砒素剤が多く用いられ、クロールピクリンなども使用された。モグラは専らパチンコ式の罠が用いられ、専門職で名人と称する老人が各々のゴルフ場にいた。グリーンへの侵入を防ぐために16番線ぐらいの銅線で亀甲網のものをグリーンの周辺に40~50cmの深さに設置、または、石炭殻を10~15cm巾に敷き詰め防護壁とした。

雑草について

　ゴルフ場において、除草剤を使用したのは戦後である。戦前において薬剤による雑草防除は多少試みられていたが実用化には至っていない。したがって、戦前はもちろん戦後においても、昭和35年（1960）頃までは、ほとんどが手取り除草であった。2.4-Dの使用は昭和25年以降であったと思う。この除草剤を使用することにより、当時、悪草、害草といわれていた、チドメグサ、クローバーが抑制された。画期的だったのは昭和34年（1959）~昭和35年（1960）頃より使用されたCAT（シマジン）である。引き続いて、シデュロン（チャパサン）、SAP（ロンパー）が開発され、チドメグサ、クローバーに次いで悪草とされたコウライシバ中のメヒシバ類、スズメノカタビラの防除が当時としては完全に近い状

態となり、雑草問題は概ね解決したと思われた。しかし、芝草内の雑草は尽きることなく未だに大きな問題として残っている。

散水について

散水設備としてコース内にパイプが敷設されたのは程ヶ谷CCにおいては昭和8年（1933）以降のようである。散水設備のない時代は八分樽と称する一荷で4斗以上（40ℓ以上）水の入るものを天秤棒でグリーンまで担ぎ散水したとのことである。貯水池はほとんどが低い場所にあり、グリーンまで水を担ぎ上げるのは超重労働で体力のない者は真に辛い仕事であったことが想像される。散水パイプが完備した以降においても、現在のように精巧なものではなく、水量も水圧も少なく、乾燥期には夜を徹して作業が行われ、やぶ蚊に悩まされることも度々であった。

グリーンの防寒

グリーンの防寒についてはいろいろな意見もあったが、Bentgreenについては大部分のゴルフ場で行われた。農家で使われるむしろを5~6枚つなぎ、また、肥料の包装は当時藁製の叺であり、これも使用された。戦後においては特別製の10~15mに長く織られた物が出来た。その他防寒シートは現在の様なものが出来るまで紙製、南京袋のようなものであった。防寒効果は藁製の者が最も高かった。しかし、吸湿性が強く、時として乾燥害の発生もあり、湿気が多いと作業性も悪く、また、耐用年数も短く、ビニール、ポリ等の製品の開発により藁製品は次第に使われなくなった。

以上、大正から昭和の大戦直後まで、角田の経験と見聞したゴルフ場のコース管理の概要である。

脚注
（1）1892~1977蝶の権威と云われる昆虫学者。農学博士で川奈GCの造成に関与。後に広島カンツリー西条コースなどを設計してゴルフ場設計家となる。

(2) 1907~1978。大阪府茨木生まれ。京都帝大農学部卒。1923~1927、背泳
100m3連覇。廣野GCの初代キーパー。井上誠一と並ぶ、日本の代表的なゴ
ルフ設計家。

(3) 造園学会の会員で吹上御苑のゴルフコースを管理していた植木職。1934年の
造園雑誌1巻1号に「西洋芝の栽培に就いて」を発表。

第VI章

世界の4大トーナメント の起源

① 全英オープン選手権

（The Open champion ship British Open）1860~

全英オープン選手権は、イギリスのロイヤル・アンド・エンシェント・ゴルフクラブ（Ｒ＆Ａ）の主催で、毎年7月中旬に開催される世界で最も歴史あるゴルフ競技会である。正式名はThe Open Championship（直訳ではオープン選手権）で、名称に全英やゴルフの言葉は含まれていないのは、当時、他の競技に選手権と呼ぶ競技がなかった事を示している。

また、競馬の「ロイヤル・アスコット」、テニスの「ウィンブルドン」、レガッタの「ヘンリー・ロイヤル・レガッタ」など、イギリスには世界最高峰のスポーツ祭典が多くあり、大英帝国の歴史を如実に物語っている。

本選手権はスコットランドの南西部に所在するプレストウィック・ゴルフクラブが主催して始めたもので、イングランド、スコットランド、ウェールズ、北アイルランドのイギリス全土のゴルファーに参加を呼び掛けたが、1860年の第1回大会の参加者はわずか8名であった。この大会は、当時不敗のプロゴルファーと云われたアラン・ロバートソンが1859年に亡くなり、ロバートソンの持っていたセントアンドリュースゴルフコースの権利 [1] と、イギリス最高のプロゴルファーである称号の争奪戦で賞金は無かった。

競技方法は12ホールを3回ラウンドするストロークプレーで行われ、第1回大会の優勝者は174打のウィリー・パークで、このコースを設計したトム・モリスは2位であった。この時のプロの成績はアマチュアと大差ないもので、それを見たアマチュアから参加を求める声が上がり、翌1861年の第2回大会からはアマチュアの参加を認めることとなった。そして、大会名を「Open to all the world」と改名して、世界中のゴルファーが参加できるオープン競技になった。ちなみに、第2回（1861年）

から第8回（1867年）までの間にトム・モリスは4回優勝している。この大会で賞金が与えられるようになったのは第5回からで、最初の優勝賞金はわずか6ポンド[2]であった。この大会は、プレストウィック・ゴルフクラブが単独で始めたもので、1860年から1872年までの12回毎年開催したが、資金的な問題もあって、1873年からセントアンドリュースのオールドコースとマッセルバラ・ゴルフリンクスの3コースで共同開催することになった。なお、大会名は1872年から「The Open champion ship」と改められた。1873年の第13回大会は初めて会場を変えてオールドコースで行い、翌1874年はマッセルバラ・ゴルフリンクスで開催された。その後、1891年までこの3コースの持ち回りで開催されたが、1892年になってスコットランドのミュアフィールドが開催コースとして追加されて、72ホールのストロークプレーとなった。

1894年には初めてスコットランドを離れて、イングランドのロイヤル・セントジョージで開催された。以降、イングランド、スコットランド、北アイルランドの14コースが会場となった。また、1990年以降は、5年に一度「ゴルフの聖地」とされるセントアンドリュースのオールドコースでの開催が慣例となっている。

本大会は基本的にリンクスとする不文律があり、開催は毎年7月で以下の9コースでローテーションされている。

1. セントアンドリュース・リンクス・（オールドコース）。
2. カーヌスティー・ゴルフリンクス（チャンピオンシップコース）。
3. ロイヤル・リザム＆セントアンド・ゴルフクラブ。
4. ロイヤル・パークデール・ゴルフクラブ。
5. ロイヤル・リバプール・ゴルフクラブ（オールドコース）。
6. ロイヤル・トゥルーン・ゴルフクラブ（オールドコース）。
7. ミュアフィールド。
8. ロイヤル・セントジョージズ・ゴルフクラブ。
9. ロイヤル・ポートラッシュ・ゴルフクラブ（ダンルースコース）。

（プレストウィックの 18 番ホール）

　本大会の最大の特徴はゴルフの原点の「あるがままに [(3)]」である。予測できないフェアウエイのうねりや、垂直な壁面のポットバンカー、腰の高さまであるようなフェスキュー、そして繁茂するヒース、さらに慢性的な風など、日本の画一的に整備されたコースからは、想像もつかないプレーを選手たちに強いている。

　こうしたことから、TheOpenでは多彩な技術と強い精神力を持つベテラン選手の活躍が目立っている。最近の話題としては、予定していたターンベリーでの開催が、オーナーのドナルド・トランプ氏の発言がゴルフ界にとってふさわしくないとして、開催コースから外されている。

　余話

　全英オープン選手権は、プレストウィック・ゴルフクラブで1860年の第1回から、1925年の第60回大会までの間に合計24回開催されたが、その後、開催コースになることはなかった。理由は第60回大会の最終日に、前日までトップだった地元出身のマクドナルド・スミスのプレーを一目見ようと、大観衆がコースを埋め尽くして一部のギャラリーが暴徒化するなど、競技は度々中断せざるを得なくなった。想定外の事態の発生に、R&Aはプレストウィックでは観客の整理が難しいと判断して、開催コースから外すことを決定した。

　R&Aはその時の経験から、ギャラリーの制限の意味も含めて、これまで無料であった観戦を有料化することを決定した。これがゴルフ観戦

のギャラリー・フィー制度の始まりである。

脚注
（1）オールドコースのコース運営と管理を行う権利。
（2）1860年代の6ポンドは現在の3万円相当
（3）世界最古ルールの13条の第10条に記せられた条文

② 全米オープン選手権

（United states Open champion ship/U.S.Open）1895~

　　　　　全米オープン選手権（U・S・
Open）は世界中のゴルファーを対
象としたメジャー選手権である。全
米ゴルフ協会（USGA）の主催で、
毎年会場を変えて6月の第3週の「父
の日」を最終日に設定して開催され
る。この選手権はアメリカ国内をは
じめ、イギリスと日本で予備予選会が行われ、予備予選を通過した選手
と、予選免除者60名の合計156名に出場資格が与えられる。
　また、アマチュア選手の地区予選への出場資格は、ハンディキャップ
1.4以下と規定されている。
　本大会の予選免除資格は、過去10年間の全米オープン、全英オープ
ン、全米アマ、全英アマ、マスターズ、全米プロ、欧州ツアー（BMW・
PGA選手権）の優勝者と、その他、権威ある大会での優勝者と、ワー
ルドランキング上位60名に与えられる。
　予選免除の資格を持たない者は、2段階の予備予選に勝ち抜かなけれ
ばならない。アメリカ国内で行われる予備予選には凡そ8000人の申し込
みがあり、国内100ヶ所以上のゴルフ場で18ホールのストロークプレー
で行われる。予備予選の通過者は約550名で、次のセクショナル予選と

呼ばれる最終予選（36ホール/1日）はアメリカ12か所と欧州と日本のそれぞれ1か所で行われる。

　この大会の特徴は、狭いフェアウエイと深いラフで、優勝スコアをイーブンパーに想定していることである。選手たちはこの大会で大きなアンダーを求めることはできず、ひたすらパーをキープすることが要求され、強い精神力と忍耐が求められる過酷な大会である。ちなみに、2006年、2007年の優勝スコアは5オーバーで、近年の2020年と2022年は6アンダーであった。

　全米オープンの第1回大会は、1895年にロードアイランド州のニューポートGC（New port Golf & country club）で開催された。競技は36ホールのストロークプレーで行われ、参加者はわずか11名であった。当時の使用球は未だガッティーボールの時代であった。この時の優勝スコアは合計173で、優勝賞金150\$と金のメダルが与えられた。その後、賞金は年々

「2006年 winged foot 筆者の思い出の品」

増額され2022年の優勝賞金は315万\$で、なんと第1回大会の21000倍にもなっている。

　本大会が始まった頃の優勝者はすべて英国人で、アメリカ生まれのジョン・マクダーモットが優勝したのは、16年目の第17回（1911年）大会であった。その頃にはアメリカ人プロゴルファーの技術は急速に向上しており、英国人と互角に戦えるようになっていた。

その象徴とされるのが、年間グランドスラムを達成したボビー・ジョーンズである。全米オープンは1923、1926、1929、1930年の4回優勝している。

3 全米プロゴルフ選手権

（U.S.PGA.Champion ship）1916~

全米プロゴルフ選手権は、アメリカで行われる世界のメジャー選手権の1つである。主催は全米プロゴルフ協会（PGAofAMERICA）で、トーナメント会場はアメリカ国内で、毎年、開催地区を変えて8月中旬に開催していたが、2019年から開催時期を5月に変更している。本大会はPGA選手権と呼ばれ、参加資格はプロゴルファーに限られている。1916年にニューヨーク州のシワノイ・カントリークラブで第1回が開催されて、英国人のジェームズMバーンズが優勝している。1917年・1918年、1943年は戦争により中止されたが、それ以外は毎年開催されている。本大会で米国生まれのプロゴルファーが優勝したのは、1922年の第5回大会のジーン・サラゼンが初めてであった。当時の競技方法はマッチプレーであったが、1958年の第40回大会後ストロークプレーに変更された。本大会の創設者はロッドマン・ワナメーカー[1]で、優勝者には賞金360万＄[2]とロッドマン・ワナメーカー・トロフィーと5年間のPGAツアーのシード権が与えられている。出場資格は過去の本大会優勝者、過去5回のマスターズ、全米オープン、全英オープンの優勝者、前年の本大会15位以内の者、当年の賞金獲得額上位者70名で、賞金ランク70名以降の上位者156名に達するまで順次追加される。

これまでの最多優勝者は、ウォルター・ヘーゲンとジャック・ニクラスの5回である。最年少優勝者は1922年の20歳5カ月のジーン・サラゼンで、最高齢優勝者は2021年の50歳11カ月のフィル・ミケルソンである。また、

最多出場者はアーノルド・パーマーとジャック・ニクラスの37回である。

余話

　全米プロ選手権のシンデレラ物語として残っているのが、当時は無名
だったジョン・デイリー [3]（John Daly）である。1991年のクルックド・
スティックGC（Crooked Stick）の大会で、無名の補欠選手として参戦
して、いきなり優勝した選手の話である。この年、ジョンは9番目の補
欠選手だった。試合前夜になって、ニック・プライス [4]（Nick Price）
が妻の急な出産に立ち会うため欠場することになった。補欠選手たちに
チャンスが巡ってきたが、あまりに直前だったので、上位の補欠選手は
準備ができず次々と辞退した。それを聞いたジョンは小躍りして喜び、

「2001 年全米プロ観戦写真中央は開催コース「アトランタアスレチッククラブ」の
スーパーインテンデントの Ken mangum 氏、左は東洋グリーン㈱の山田氏、右は筆者

アーカンソーからインディアナまで、600マイル余りを一睡もせずに車
を飛ばして会場に駆け付けた。そして、そのまま練習ラウンドもないま
ま、ぶっつけ本番でラウンドして初日は69で回り、その後も67、69、71
のスコアを出して、トータル276で2位に3打差をつけて優勝した。30年
も前のシンデレラ・ボーイの話である。
　ジョンは1995年の第124回全英オープンでもイタリアのコスタンチィ
ノ・ロッカとのプレーオフを制して優勝している。その後はアルコール
依存症を患うなど波乱の人生を送っている。

脚注

（1）米国のデパート王（1863~1928）

（2）2023年の優勝賞金額。

（3）米国のカルフォルニアで1966年生まれ、100kgを超える巨漢で1995年には
　　全英オープンにも優勝。

（4）ジンバブエ出身、1957年生まれ正式名ニコラス・レイモンド・レイジ・プラ
　　イス。1993・1994年ＰＧＡ連続優勝。1994年世界ランキング1位。

4 マスターズ・トーナメント

（Masters Tournament）1934~

　マスターズ・トーナメントは、アメリカのジョージア州オーガスタで毎年4月に開催されている。このトーナメントは他の3大競技と異なり、開場が「オーガスタ・ナショナル・ゴルフクラブ」に限られていることである。コースの設計は球聖と呼ばれるボビー・ジョーンズ[1]と、イギリスの名設計家のアリスター・マッケンジー[2]の共作である。世界のトッププレイヤーが争う競技コースとして、1932年に少数のメンバーによって創設された。

　第1回のトーナメントは1934年で「オーガスタ・ナショナル・インビティション・トーナメント」（Augusta National Invitation Tournament）と命名された。1939年に大会名を「マスターズ・トーナメント」（Masters Tournament）に変更して、開催日は毎年4月の第2週目の日曜日が最終日となるように設定されるようになった。もともと大会名は「マスターズ・トーナメント」が有力であったが、ジョーンズの希望で採用されなかった経緯がある。出場資格は、前年に行われた世界の競技会で賞金獲得額の上位者か、メジャー大会の優勝者など、招待資格を持つ世界のトップ

プロ（マスター）しか出場することができない。この大会のもう一つの楽しみは、併設されている9ホールのショートコースで、前日に開催される「パー3コンテスト」である。その日は出場選手の家族や子供たちがキャディーを務めるなど、選手とギャラリーが一緒になってお祭り気分が楽しめる。とは云ってもオーガスタのミニコースは難易度が高い。小さなグリーンは本コース並みに仕上げられており、打ったボールはグリーンに止まらずに池に滑り落ちてしまう。これまでの優勝者には、サム・スニード、アーノルド・パーマー、トム・ワトソンなどの他に、日本の青木功（1981年）、中島常幸（1988年）がいる。

　オーガスタは世界一流のプレイヤーを前提として造られており、いずれのホールもピンポイントで攻めなければならず、少しの曲がりが大きなトラブルとなる。特にインの11番・12番・13番を流れる小川は「アーメンコーナー」と呼ばれて、世界のトッププロが思わず祈りたくなるほど難しいホールと云われている。また、いずれのグリーンも大きくうねっているうえに「ガラスのグリーン」と云われるほど高速である。優勝回数は、1位ジャック・ニクラウス6回、2位タイガー・ウッズ5回、3位アーノルド・パーマー4回である。2021年には日本人として初めて松山英樹が優勝を果たしている。

　また、会場は同じであっても大会が終わればコースに毎年手が加えられている。オーガスタはラフの存在しないコースであったが、1998年に会長のフーテイー・ジョンソンによって初めてファーストカットのラフが設けられるなど、コースは毎年違った様相を見せている。尚、2002年にトム・ファジオ [(3)] の監修によってコースは大幅に改造を行い、コースの全長は約300ヤード伸ばされた。その後も距離を伸ばし、現在は7,445ヤード、パー72のコースとなっている。しかし、選手の飛距離は著しく伸びており、マスターズ・コミッティーは「これ以上コースを大幅に長くする必要が生じた場合は『マスターズ・ボール』を導入することも検討する」と語っている。一方で、オーガスタ・ナショナルは厳格なプライベートコースであることも忘れてはならない。会員数は現在300名程度と云われているが、メンバーは公表されていないため正確な人数を知

ることは出来ない。コースは人種差別が長く残る南部で、黒人が初めて会員に認められたのは1990年で、2012年に初めて女性会員となったのは元国務長官のコンドリーザ・ライスであった。

　今も入会希望者は多く、世界中の著名人や富裕層が審査日が来るのを待っているそうだ。しかし、トーナメントが終わっても5月の始めにコースはクローズとなり、メンバーになってもラウンドできるのは10月初旬から11月の末までの2か月間だけで、その後は翌年の大会準備のためにクローズされる。

マスターズの入場券

クラブハウス前で

（筆者撮影：1999年のパー3コンテストの光景）

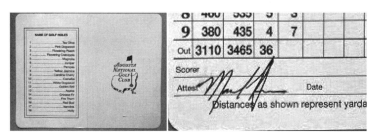

1996年に初めてオーガスタに訪れた時に、スーパーインテンデントのマーク・
ベンソン氏から頂いた、サイン入りスコアカード。

筆者　　　　　　　　　　　　　　　マーク・ベンソン氏

脚注

(1) 球聖と呼ばれたアマチュアゴルファー。1930年に年間グランドスラムを達成。

(2) 1870~1934英国のゴルフ場設計家（ロイヤル・メルボルン、サイプレス・ポ
イントなど）

(3) オーガスタの改造に30年にわたって関係し、これまでに設計したコースは
200を超える。日本でも2020年のオリンピックに向けて開場の霞が関の改造
を行う。

余話

　トーナメント中の写真撮影はもちろん禁止であるが、予選前日のカメラ撮影は可能で、アーノルド・パーマー、ジャック・ニクラウス、タイガー・ウッズなど、世界の一流選手が練習を楽しんでいる様子を極身近で撮ることかできた。また、par3コンテストテストでは選手の家族やギャラリーが一体となって、和気あいあいと楽しむ姿は、日本のトーナメントの光景とは異なるものであった。私は楽しさを全身で表す人たちを羨みながら、喝采を送った。

　筆者談

第VII章

歴史に残る偉人達

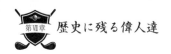

歴史に残る偉人達

1 最古のプロゴルファー　アラン・ロバートソン

（Wikipedia：アラン・ロバートソン）

（Allan Robertson）1815~1859

　アラン・ロバートソンは1815年9月11日にセントアンドルーズに生まれた。家業は、祖父が始めたフェザーボールの製造販売であった。アランは家業を継いで海外にも輸出するようになっていたが、家業よりもプロゴルファーとして有名な人物であった。当時、フェザーボールは専門の職人が一個ずつ手間をかけて作る貴重な物で、顧客は貴族や富裕層であった。庶民ゴルファーは、皮袋に動物の毛や糸くずを詰め込んだボールや、丸く削った木球を使っていた。

　ゴルフ史にプロが登場したのは1840年頃で、その頃、セントアンドリューズには10名ほどが居たと云われている。当時のプロゴルファーは、現在のようにトーナメントで賞金を稼ぐ場はなく、収入はゴルフの教習とボールやクラブの製造販売、主には賭けゴルフであった。もちろん、ロバートソンも賭けゴルフをやって稼いでいた。彼は対戦相手に与えるハンディを少なくするため、自分のプレーを実力よりも低く見せる一面もあったようだ。

　この頃、貴族や富裕層の間では、大金を賭けたゴルフ試合が盛んに行われていた。高額な試合になると本人たちが直接対決することはなく、ゴルフの上手な者を雇って代行試合をやらせていた。そしてアランは、請け負った試合に負けることはなかったと云われている。

　1835年にアランは、セントアンドルーズのオールドコースでキャディーをしていた、当時14歳のトム・モリスを家業の使用人として雇っている。トムはそこでゴルフ用具の製造をしながら、暇を見つけてはゴルフの練習に励んでいた。ゴルフに天性の才能があったのか日増しに上達していくトムを、アランは賭けゴルフのパートナーにして数々の賭けゴルフに

勝利した。しかし、トム個人の人気が高まるにつれ、アランは彼の存在を疎ましく思うようになっていた。

　その頃、ゴルフボールはフェザーボールからガッティーボールへの過渡期を迎えていた。ある日アランは、家業を脅かしていたガッティーボールをトムが使ったことに激怒して、トムをその場でクビにしてしまった。賭けゴルフのパートナーであったトムが去った後も、アランがトッププロであることに代わりはなかった。

　ある日突然、アランの元に20歳の新進気鋭のプロゴルファー、ウイリアム・パーク・シニア（1833~1903）から、挑戦状が送られてきた。彼は背が高くて強靭な体を持つ飛ばし屋ゴルファーで、しかも性格は攻撃的でしばしばトラブルを起こしていた。ウィリアムはスコットランドでトッププロとして尊敬されていたロバートソンに挑戦するために、故郷のウオリフォードからセントアンドルーズに出てきたばかりであった。彼は1853年にアランへの挑戦状を公開するなど、積極的に自己宣伝を仕掛けた。しかし、当時の慣習として「最高のプレイヤーは評判を損なうことなく、挑戦を拒否する権利がある」とされていた。アランはこの慣習にしたがいウィリアムの挑戦を拒否した。当時、トッププロ同士のチャレンジマッチは、貴族や富裕層によって後援されたものが主で、プロ個人で行うことはなかった。しかし、この出来事は広く報道されて、後にプロ同士が戦う競技のきっかけとなった。

　その後、ウィリアムは全英オープンで、1860~1875年の間に4回の優勝を遂げた名プレイヤーとなっている。一方、アランはパーク兄弟やモリス親子が一流プレイヤーとして台頭してからも、トッププレイヤーの座を守り続けた。また、オールドコースで初めてフェザーボールで80を切ったのもアランであった。そして、亡くなる前年にはガッティーボールを使って再び80を切っている。

　1859年にアランは黄疸を患って44歳で亡くなった。R&Aは彼のゴルフ界への貢献を称賛する声明を出すともに、未亡人の生活を助けるために毎年献金することを議決している。そして、アランの肖像画は今もR&Aのギャラリーに掛けられている。

（wikipedia：アラン・ロバートソンの顕彰碑）

　彼の墓はセントアンドルーズの大聖堂の墓地にあり、墓碑には「アラン・ロバートソンは1859年10月1日に44歳で逝去した。彼は個人的な価値で高く評価され、多年にわたりスコットランドのチャンピオンゴルファーとして傑出していた」と刻まれている。

　それからしばらくして、彼の亡き後の"Champion Golfere"の栄誉を誰が引き継ぐかを決めるため、1860年に初めてプロ同士の競技会が、プレストウィック・ゴルフクラブで開催された。その競技会は翌年に公式の「全英オープン」となり、今も続く最も長い歴史と最も権威のあるゴルフ競技会となった。

　なお、"Allan"の刻印のあるスタンプボールは歴史的価値が高く、今も収集家によって高い値で取引されている。

② 伝説のゴルファー トーマス・ミッチェル・モリス

（Thomas Mitchell Morris・1821〜1908）

　彼は通称トム・モリスと呼ばれ、ゴルファーなら誰もが聞いたことのある伝説的なゴルファーである。生まれはスコットランドのセントアンドルーズで、父親は郵便配達人又は機織り職人であったと云われている。

　セントアンドルーズは当時からゴルフが盛んな町で、トムも幼少の頃から手作りクラブでボールを打って遊んでいた。10歳の頃にはキャディーとなってわずかな金を稼いでいた。トムが14歳の時に、ゴルフ史上最古のプロゴルファー

（Wikipedia：オールド・トム・モリス）

と言われているアラン・ロバートソンに雇われている。アランはセント
アンドルーズで家業のフェザーボールの製造販売業を継いでいた。また、
プロゴルファーとしても有名で、オールドコースの運営も任されていた。
トムはここで4年間奉公人として働き、さらに5年間ジャーニーマン（熟
練職人）として勤めながらゴルフの腕も磨いた。

　当時、貴族や富裕層の間では、ゴルフは賭けることを対象としたゲー
ムで、中には大金を賭けた大試合もあった。しかし、大きな賭け試合は
彼らが直接勝負をするのではなく、ゴルフの上手な、つまりプロを雇っ
て代行試合をしていた。アランはトムとコンビを組んで数々の賭け試合
で勝利して"Invincible"（無敵）と呼ばれていた。トムは20歳を過ぎた
頃には、アランに次ぐプレイヤーと呼ばれるようになっていたが、二人
は直接対決したことはなかった。1843年にオールドコースで二人が対戦
することがあり、その時トムはアランに勝っている。1851年になってト
ムは突然解雇された。理由は、新しく開発されたガティーボールにまつ
わるものであった。フェザーボールの製造販売を家業としていたアラン
は、この新しいボールの進出に悩んでいた最中に、トムがこのガティー
ボールでプレーしたことを知って、激怒したアランはその場でトムをク
ビにしたのであった。

　丁度その頃、プレストウィックにゴルフコースを造る話があり、トム
はクラブプロ兼グリーンキーパーとして職を得て、一家で移住した。そ
こではコースの設計からメンテナンス、そして、ボールやクラブの販売
や修理などを行う権利も得た。さらに、会員のゴルフ教習や、ゴルフ大
会の企画と開催も行った。また、トムはアランの死後、1860年に始めた
プレストウィックでの全英オープンの設立にも率先して関わり、その功
績によって第1回大会の始球式の打者にもなっている。

　1864年になって、R&Aからトムに復職の要請があり、翌1865年にオー
ルドコースのクラブプロ兼グリーンキーパーとして故郷に帰った。年俸
は当時としては破格の50ポンドと云われている。しかし、その頃のオー
ルドコースは財政的に困窮しており、トムの最初の仕事は財政の立て直
しであった。トムはプレストウィックの設計経験を活かして、1番と18

番の2つのグリーンを新設し、ゴルファーを多く入れるためにフェアウェイも広げた。また、これ迄なかったティーエリアを設けたり、不要なバンカーやハザードの改造も行った。他にも18ホールの近くにゴルフショップを開いて、クラブやボールの販売も行った。彼はオールドコースで1903年までの39年間働き、その後はR&Aに所属して仕事を続けた。

　一方で、トムはゴルファーとしても偉大な成績を残している。第1回全英オープンでは2位であったが、翌年1861年には優勝して、その後も、1862年、1864年、1867年の4回優勝している。特に1862年の大会では2位との間に14打の差をつけて優勝しており、2000年の全米オープンでタイガー・ウッズが15打差で優勝するまで、メジャー大会の大差記録であった。1867年には46歳で全英オープンに優勝した最年長者記録もある。また、息子のヤング・トム・モリスと親子で優勝と準優勝を分けあったプレイヤーとしても有名である。1860年代に入ると息子のヤング・トムが10代半ばで頭角を現し、親子でタッグを組んだチャレンジマッチは無敵と云われ、ヤング・トムが亡くなる1875年まで続いた。

　トムはオールドコースの仕事をしながら、コース設計者としても成功している。トムが初めてコースの設計に携わったのは、1842年にアランの助手としてカーヌスティーの10ホールであった。その後、アランの元を離れてプレストウィックの設計をして、1887年にはキングホーン・ゴルフクラブ、1904年にカークカルディー・ゴルフクラブを設計し、その他にも、ミュアフィールド、セントアンドリュースのニュー・コース、ジュビリーコース、アイルランドのラフィンチ・アンド・ロサペンナ、イングランドのウォークワース・アンド・ロイヤルデボン・ゴルフクラブなど、イギリス全土で凡そ75コースの設計や改造に携わっている。

　トムの設計は、巧みにハザードを取り入れて、漫然としたプレーを許さないもので、プレイヤーにコースの攻略方法を考えさせる戦略的コースの概念を生むこととなった。

　また、トムは近代のグリーンキーパーの祖とも云われている。これまでは、グリーンに適当な穴を掘っただけのホールに土管を埋め込んで、ホールの大きさを一定にしたり、グリーンの床土に砂を用いて芝草の成

長を促進することも考案している。また、強風で自然にできた無意味な
バンカーを廃止したり、ティーイングエリアを設けたり、ヤーデージの
標識を設けるなど、コース管理全般に様々なアイデアを取り入れている。
また、これまで鎌で刈っていたグリーンを、初めて芝刈り機で刈ったの
もトムと云われている。なお、トムがグリーンのホールとして使った水
道管のサイズは、後にR&Aによって、そのままルールに規定されて今
に至っている。トムは87歳の誕生日の数日前に、ニューコースのクラブ
ハウスの階段で転倒してそれが元で亡くなった。遺体はセントアンドルー
ズ大聖堂の中庭に埋葬されている最愛の息子トミーの隣に埋葬された。
　R&Aは彼の偉業を讃えて、オールドコースの18番にトム・モリスの
名を冠した。ちなみに10番には球聖と呼ばれるボビー・ジョーンズの名
が刻まれている。

「Never up Never in」
カップに届かないボールは絶対に入らない
トム・モリス

③ 悲劇の天才プロゴルファー　トム・モリス・ジュニア

（Thomas Morris Jr）（1851~1875）
　ゴルフ史に残る人物の一人に、トム・モリス・ジュニア（以下トミー）
がいる。彼はオールド・モリス（以下トム）と呼ばれた、トーマス・ミッ
チェル・モリスの二男として、1851年にスコットランドのセントアンドルー
ズに生まれた。当時、父親のトムはトッププロとして有名なアラン・ロ
バートソンの元で働いていた。しかし、ある事をきっかけにロバートソ
ンの元を離れることになった。幸いトムは、スコットランドの西海岸に
新設される、プレストウィック・ゴルフクラブのクラブプロ兼グリーンキー
パーの職を得て、生まれたばかりのトミーを抱いて一家で引っ越した。
ここでトムは1864年までの14年間を過ごし、セントアンドルーズのオー

（セントアンドルーズの位置図）

ルドコースのクラブプロ兼グリーンキーパーとして故郷に戻った。

セントアンドルーズでは1859年にアラン・ロバートソンが44歳で亡くなっており、「不敗の名手アラン」の跡を引き継ぐ最強のプロゴルファーは一体誰だと話題になっていた。その話を聞いたプレストウィック・ゴルフクラブから、プロ同士を戦わせて決める案が出された。翌1860年に提案クラブのプレストウィックで、初めてプロの競技会が開催されることになった。これが「ジ・オープン」と呼ばれる全英オープンの始まりである。

しかし、第1回目の参加者はわずかに6名で、優勝したのはウィリー・パークで、父親のトムは準優勝であった。その時の優勝スコアはアマチュアチャンピオンと大差がなく、翌1861年の第2大会から、「全世界のゴルファーにオープンにする大会」として、アマチュアの参加を認めて再出発となった。しかし、始めて数年間は参加者も少なく、全英オープンとは名ばかりの、地方のローカル試合に過ぎなかった。ところが、1868年

（Wikipedia：トム・モリス・ジュニア）

になって皆が驚く事が起こった。その年の第9回全英オープンを制したのは、17歳になったばかりのトミーと呼ばれるトム・モリス・ジュニアであった。まだ参加者の少なかった時代であったが、スコットランドを代表するプロたちを抑えて優勝した最年少記録は今も破られていない。さらにトミーは1869年と1870年にも優勝して、あっという間に3連覇を成し遂げた。19歳で3度目の「チャレンジベルト」手にしたトミーは、小柄ではあるが強靭な体と強い精神力を持つ立派な大人へと成長して、誰もが認める

スーパーチャンピオンとなっていた。

　この「チャレンジベルト」は、全英オープンを主催するプレストウィック・ゴルフクラブが出資して創ったもので、上質のモロッコ皮のベルトに豪華な銀飾りが施されたもので、これまでの優勝トロフィーに比べてかなり高価なものであった。主催者は「この大会を3年連続で制した者に限り、このチャレンジベルトを永久に自己の所有としてよし」と宣言していた。ところが、大方の思惑に反して、早々に3年連続優勝を果たしたトミーは、世界に一つの高価なチャレンジベルトを、わずか3年で彼の所有物にしてしまった。主催クラブは全く予期せぬことが起こり、新たにチャンピオンベルトを作る予算もなく、翌年の全英オープンは中止せざるをえなかった。全英オープンはプレストウィック・ゴルフクラブがスポンサーとなって始めたが、このような経緯から単独開催を諦めて、セントアンドリューズとマッセルバラの3クラブの持ち回りで開催することとなった。優勝杯は銀製のクラレットジャグを創り、毎年のチャンピオンの名を優勝杯に刻み、主催者が保管することにした。そして優勝者には賞金とメダルを授与すると発表した。

　1872年に再開した全英オープンを制したのはまたしてもトミーで、新しく創られた優勝杯に最初の名が刻まれたトミーは、まだ21歳の若者であった。全英オープン４年連続制覇は偉業であり、その記録は今も破られていない。翌1873年の第12回全英オープンは、プレストウィックを離れて初めてセントアンドリューズで開催された。

　その年、トミーはウィットバーン出身で9歳年上のマーガレット・ドリネン（メグ）と結婚した。当時、ウィットバーンは炭鉱で栄えた町で、19世紀の大英帝国のエネルギー革命を支えた町として知られている。しかし、炭鉱の町での暮らしは貧しく、狭い家に多くの家族で住んでいた。貧しい環境の中で育っ

（Wikipedia：トム・モリス親子）

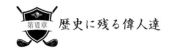

　たメグであったが、彼女は明朗で聡明な、レース編みを得意とする美し
い女性であった。彼女が25歳の時、エディンバラの弁護士宅に住み込み
の女中仕事を見つけて初めて都会に出た。住み込みの女中は年中休みも
なく、夜明けから夜遅くまで安い賃金で働く過酷なものであった。それ
でも炭鉱の町での暮らしに比べれば、町は明るく清潔で食事も充実して
いて、初めて安らいだ生活であった。

　ある日雇い主は、セントアンドルーズで暮らしている母親のために、
働き者で信頼できるメグを推薦した。1872年にメグは少ない荷物を持っ
てセントアンドルーズの街に移った。その街でトミーとメグは運命的
な出逢いがあり、互いに惹かれあうようになった。父親のトムは自分
が貧しく育ったため、息子のトミーには将来上流の暮らしができるよ
うにと、家計をやりくりして貴族や裕福層の子息が通う私立のアカデミー
に通わせた。そこでは教養だけでなく上流社会との接点も身に付けさ
せた。ところがトミーが見つけてきた相手は、ウィットバーンの貧し
い家庭の出身で、トミーより9歳も年上の娘だと聞いてトムは大きく落
胆した。そのトムを納得させて、メグを優しく迎え入れたのは母親の
ナンシーであった。ナンシーもまた、トムとの結婚前は女中として苦
労をした人で、トムより5つ年上の女房であった。ナンシーにとってメ
グを否定することは自分自身を否定することでもあった。

　しかし、メグには人に知られたくない過去もあった。トミーはそん
なメグのすべてを受け入れて結婚した。炭鉱の貧しい町に生まれた女
中上がりで年上のメグが、全英オープンの覇者であるトミーの女房の
なったことは、瞬く間にセントアンドルーズの街中の噂となり、女性
たちの羨望と軽蔑が入り混じった目が二人を傷つけた。しかし、トミー
の毅然とした態度とメグの控えめな態度に、人々は次第に心を開くよ
うになり、メグも少しずつ街に馴染んでいった。

　やがてメグが身籠ったことを知ったトミーは、2年間遠ざかっていた
全英オープン優勝の座を奪還すべく、懸命に練習を始めた。

　数日後、フォース湾の対岸にあるノースベリック・ゴルフクラブで、
モリス親子の宿命のライバルと云われる、ウィリー・パークと甥っ子

のマンゴ・パークとの、フォーサムによる試合が行われることになった。当代人気の2家族の勝負を一目見ようと、近在から集まった大観衆の中で熱戦が繰り広げられた。この時の賞金は25ポンドで当時としてはかなり高額な賞金であった。

　その頃、妊娠していたメグの体調があまり良くなく、トミーはそのことが頭から離れず、この試合はあまり気乗りがしていなかった。しかし、陽気に振る舞うメグに背中を押され、しぶしぶノースペックに向かった。フォース湾を通して見れば近いノースベリックだが、陸路では湾を大きく迂回するため何度も汽車を乗り継いで、ほとんど1日がかりの道のりであった。

　翌朝から始まったウィリー家との対決は、予想通りの大接戦となり、試合がいよいよ終盤に差しかかった時に、一通の電報がトミー宛に届いた。それを受け取ったのは父親のトムであった。トムはその電報をすぐにはトミーに渡さなかった。電報には「メグ難産すぐ帰れ」と書かれていたが、トムは黙ったまま残り2ホールをプレーした。試合はモリス親子が勝利して、大観衆の喝采がようやくおさまったのを見て、トムはトミーに電報を見せて「帰ろう」と云った。しかし、急いで汽車に乗っても家に着くのは翌日の午後になる。二人が思案しているところに、事情を知ったノースベリックの会員の一人が「船でフォース湾を横切って帰るのが1番早い」と提案して、自分のヨットと乗組員の提供を申し出た。フォース湾の風は凍りつくほど冷たかったが、トミーはデッキに立って黙ったまま、家のある方向を見つめて立ち続けた。トムはトミーにかける言葉が見つからなかった。ヨットが無事にセントアンドルーズの湾に入った時には日付が変わっていた。港にはトムの弟のジョージがボートで迎えに来ており、ボートに乗り移ったトムにジョージは静かにそっと言った。それを聞いたトムは一瞬目を閉じて一息大きく吸い込み、小さくうなずくと静にトミーに告げた。「トミー、遅かったようだ。メグと赤ん坊は一緒に天国に召された。残念だ。」トミーはうなだれたままの背を向けて細かく体を震わせた。

　そして長い沈黙のあと、聞き取れないほどの小さな声でたった一言

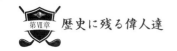

「嘘だ…」とつぶやき、その場にうずくまり号泣した。トミーの慟哭は激しく、叔父のジョーシは黙ってボートを港内に走らせた。長い沈黙のあと、トミーが少し落ち着いたのを見計らってボートを岸に着けて家に向かった。家には母親と妹のリジーと末弟のジャック、そして医師らに囲まれて、眠っているようなメグの腕には真っ白な布に包まれた小さな男の子が抱かれていた。トミーとメグの幸せな日々はわずか10ヵ月で夢のように消えていった。

　メグが亡くなってから1ヵ月が過ぎても、トミーは虚ろな目で椅子に座ったまま動こうとしなかった。周りの人たちは彼の瞳に再び生気が蘇るのを黙って待った。10月の半ばになって、友人たちは無理やりトミーをゴルフに引っ張り出したが、そこにはかつての明るく溌剌としたトミーの姿はなかった。1875年のクリスマスイヴをトミーは友人たちと過ごし11時頃に帰宅した。その頃、母のナンシーは体調を崩しており、トミーはいつものように母の寝室で少し話したあと、トムにも挨拶をして眠りについた。

　翌朝、トムはいつものように早起きして、妻と2人の子供と共に朝食を済ませた。いつもなら早起きのトミーがまだ起きてこない。心配したトムがトミーの寝室のドアをノックしたが返事がない。何となく悪い予感がして慌ててドアを開けたら、そこに見えたのは永遠の眠りについたトミーの姿であった。その表情はメグが召されてから誰にも見せることがなかった、穏やかで幸せそうな表情であった。享年24歳と8ヵ月のあまりにも短い人生であった。

　死因は肺の内出血で、死の数日前に凍てつく寒空の中で行われた、6日間のマラソンゴルフが原因ではないかと

（Wikipedia：トムの顕彰碑）

云われている。その日は特に寒くて皆が止めるよう説得したが、トミーは頑なにプレーを続けたという。トミーはその時に肺炎を起こしていたことを誰にも云わなかった。町の人々は「愛するメグを失った悲しみは余りにも深く、トミーは生きる希望を失くしたのだ」と嘆いた。トムは息子を偉大なるチャンピオンとして送るために、借金までして壮大な葬儀をおこなった。その日セントアンドルーズの街は、半分以上が空になっていたと云われている。トミーの遺体はメグと赤ん坊に寄り添うように埋葬された。

　話しは戻るが、1869年トミーがまだ18歳の時にオールドコースで、まだ誰も出した事のない77打でラウンドしている。コースは6500ydほどであったが、現在のコースとは比較できない荒涼としたコースの中で、ガッティボールと木製クラブで出した記録である。今では考えられない驚異的なものである。その頃のトミーは有名校に通う生徒であると同時に、ゴルフに天性の才能を持った少年であった。その頃のトミーは、「コースを攻めるにはA点からB点までの一筋のルートを見つけること」と考えていたが、父親のトムから「A点からB点に行くには無数のルートがあり、さらにC点を経由する選択肢がある」ことを学んだ。父からの助言によってトミーはホール毎に1ダースほどの攻略ルートを頭に描きながらプレーするようになった。トミーのショットは強烈で、スイングをするたびにかぶっていた帽子が飛んでいくほどで、素振りで木製のシャフトが折れたこともあったそうだ。アプローチショットはボールを右足の前に置き、オープンに構えてダウンブローに強く打ち込むフォームで、強烈なバックスピンがかかった、正確無比のショットであったと云われている。

　トミーが亡くなってから3年後に、スコットランドとイングランドの代表的な60のゴルフクラブから基金が寄せられて、トミーを讃える立派な顕彰碑が墓のそばに建てられた。そして、セントアンドルーズ大学のタロック教授から贈られた碑文は「チャンピオンベルトを続けて得ること3度。これを保持するも1人とてうらやむ者なし。その善良なる精神はゴルフでの偉業に勝るとも劣らず。多数の友人とすべてのゴ

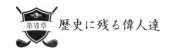

ルファーは、ここに深い哀悼の意を表す」である。

　今でも、墓の前には誰ともなく真新しい花が添えられているそうだ。

4 騎士道精神 フレデリック・ガスリー・テイト

（Frederick Guthrie Tait）（1870~1900）

　フレディーは、エディンバラで著名な物理学者で熱狂的なアマチュアゴルファーの、ピーター・ガスリー・テイトの三男として1870年に生ま

（Wikipedia：フレディー・テイト）

れた。フレディーは、エジンバラ・アカデミーとセドバーグ・スクールで高等教育を受け、最難関のサンド・ハースト王立陸軍士官学校に2度目の挑戦で入学している。1890年に卒業したフレディーは第2大隊のラインスター連隊で少尉に任命されて、1894年には中尉となって第2大隊のブラックウォッチに配属されている。その後、第二次ボーア戦争 [1] に従軍して1900年2月7日に南アフリカのクードゥースベルク（koodoosberg）で戦死した。享年30歳であった。訃報を聞いた、オールドモリスは

「あまりにも悲しい。私の目は涙でなにも見えない」と嘆いたそうだ。

　彼は熱心なゴルフ愛好家の父親の影響もあって、5歳の頃からゴルフを始め、12歳の時にはオールドコースで100を切ったと云われている。そして、20歳の時にはオールドコースで初めての77を出し、1858年にアラン・ロバートソンが出した79のスコアを42年振りに塗り替えている。この記録は7年後にプロゴルファーのウィリー・オークタロニー [2] が71を出して、ガッティボールでの最後のコースレコードとなった。また、23歳の時（1893/1/11）にオールドコースで、彼が強打したボールは250

ヤード飛んで、さらにボールは凍った地面を転がって、なんとティーから341ヤードのところに止まったという、びっくりするような逸話も残されている。

　しかし、1891年にフレディーの父親が発表した論文には「ボールの回転を上手く使うことで250ヤードの飛距離は可能である」と予測しており、この時のフレディーの記録は事実であった可能性が高い。なお、当時のプロゴルファーの平均距離は180ヤードであったと云われている。

　フレディーが英国の偉大なゴルファーの一人として讃えられているのは、彼が残したゴルフの成績にまつわるものではない。人々が称賛するのは、常に正々堂々とした騎士道的なゴルフスタイルそのものである。

　当時ゴルフはマッチプレーで行われており、現在のようにコースを相手にしたものではなかった。ゴルフは人と人とが1対1で正々堂々と戦うもので、そこに生まれるドラマがフレディーを魅了したのであった。フレディーが人々の心をひきつけた多くの逸話の中から、3話を紹介したい。

　1話目は、1985年にプレストウイックで行われた試合中に起こった。相手のジョン・ダルストンのドライバーがショットで破損して使えなくなったのを見たフレディーは、何も言わず自分もドライバーを使うことを止めてプレーを続けた。

　2話目は、グラスゴーで行われていたストローク選手権でのことである。観戦中の老人が心臓発作で倒れるハプニングに遭遇したフレディーは、

（Wikipedia：幼少のフレディー・テイト）

競技中であったにも関わらず老人を背負って1マイル先の病院まで走った。当然競技は失格となった。そこまでの素晴らしいスコアを惜しむ友人たちの声に、フレディーは「たかがゴルフだよ」と笑って答えた。

　3話目は、1899年にプレストウイックで行われた全英オープン選手権の決勝での事である。3番ホールでフレディーの打ったボールは、階段で降りるほど深い名物の「カーディナルバンカー」に入った。バンカーは前日の豪雨で池と化しており、競技委員は「ボールを水の外に出して無罰で打つように判定した」が、フレディーは靴を脱いで水中のボールを打った。ボールは水しぶきとともにピンそば2メートルに止まったが試合は2位に終わった。

　試合後、フレディーは記者団の質問に「救済処置は承知しているが私はあるがままを楽しんでおり、トラブルショットもゴルフの醍醐味の一つだ」と答えた。そんなフレディーのことを、ゴルフ仲間で詩人であり、著名な歴史学者のアンドレー・ラングは、「フレディーの行くところ、すべてが太陽のように明るく輝き、かって彼の悪口など聞いたこともな

（ブラックウオッチ連隊博物館の名板）

い。老若男女を問わず誰もが彼を心から愛し、これからも愛し続けるだろう。なぜならば、彼は誰もが尊敬する本物のスポーツマンだからだ」と語っている。

　他にもフレディーにまつわる話は多く残るが、スコアに固守せず常に正々堂々の戦う騎士道的な姿に、スコットランド人は尊敬と絶大な喝采を贈ったのである。

　フレディーが南アフリカの戦場で綴った最後の日記には、「騎士道を色濃くとどめるゴルフほど、素晴らしいゲームはないと信じる。ゴルフは正々堂々が身上。いかなる事態に遭遇しようとも常にフェアな精神を維持し、何よりも明朗であらねばならない。スコアにこだわるのは邪道であり、プレーのみに終始したならば多くの友人を失うだろう。あ…ゴルフがしたい、あ…コースが懐かしい、あ…一刻も早く芝の上を歩きたい」と書き残している。

　もちろん、フレディーにはゴルフプレイヤーとして輝かしい戦歴があ

る。彼は全英アマチュア選手権で2回優勝（1896年・1898年）し、全英オープン選手権では3位が2回（1896・1897）、また、同じ大会で3回のロー・アマチュアに輝いている。

　そして、フレディーを讃える「フレディリック・テイト・カップ」は、今も南アフリカオープン⁽³⁾のロー・アマチュアに毎年授与されている。

余話
　フレディーは12歳の時に、ノースベリックの「聖パトリック杯」に出場して、対戦相手に9アップの圧倒的な勝利で一躍有名になった。彼はギリシャのアポロンの彫像の様な凛々しい美形であった。エディンバラの女性たちはフレディーを一目見ようと、競技会にはゴルフを知らない女性たちも大勢押しかけて、軍服姿のプロマイドを買い求めたそうだ。

脚注
（1）南アフリカのトランスヴァール共和国をイギリスが併合しようとして始まった戦争（1880年12月16日-1881年3月23日）、トランスヴァール戦争とも呼ばれる。
（2）第33回（1893年）の全英オープンの優勝者。
（3）南アフリカ最古の競技会で、同国のナショナルオープンとして開催されている。主催は南アフリカゴルフ協会

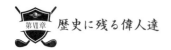

5　球聖と呼ばれるアマチュアゴルファー　ロバート・タイア・ジョーンズ・ジュニア

（Wikipedia：球聖、ボビー・ジョーンズ）

（Robert Tyre jones Jr.1902~1971）

　セントアンドルーズの人たちが、今も敬愛する4人の英国人ゴルファーの他に、唯一アメリカ人のボビー・ジョーンズがいる。ボビーのゴルフはアマチュアイズムそのものであり、何事にも動じない強い精神力と、卓越した技術で数々の成績を残した「球聖 (1)」と称される偉大なゴルファーである。また、「木のシャフトの伝説」を生んだゴルフ史に残るヒーローである。

　彼は、ジョージア州のアトランタに生まれ、幼少の頃は体が弱く、外で遊ぶことをあまり好まない子供であった。父親はボビーを男の子らしく育てたかったが、母親がそれを許さなかった。ある日、父親はそれほど体力を必要とせず一人でもできるスポーツとして、ゴルフを選んで子供用のクラブを買い与えた。これが、世界中のゴルファーが敬愛してやまない球聖ボビー・ジョーンズの始まりであった。しかし、母親によって幼い時からわがまま放題に育てられたボビーは、思い通りにならないとすぐに癇癪をおこしてクラブを叩きつけるような、短気な少年であった。しかし、ゴルフには熱心で9歳の時に地元のジュニア選手権で優勝して、14歳の時にはジョージア州のアマチュア選手権で優勝している。その後、全米アマチュア選手権に招待されたボビーは準々決勝まで勝ち進み、瞬く間にその名はアメリカ中に知れわたった。しかし、1921年の全英オープンに19歳で初めて出場した時、ボビーは大叩きしてスコアカードを破り途中で棄権するなど、行儀のよいプレイヤーではなかった。そんなボビーの元に、USGAの会長から「今のような態度が続くならば今後開催される、USGAが主催するトーナメントへの出場は許されないだ

ろう」といった内容の手紙が届いた。これまでわがまま一杯に育ち何でも許されてきたボビーとって、この手紙は非常にショックな出来事で深く反省させられた。

その後、ボビーの生活態度は一変して、癇癪持ちのボビーは居なくなったと云われている。ボビーは少しのミスで自分を失

（Wikipedia：年間グランドスラムを達成）

いがちになる性格を、架空の相手「オールドマン・パー」を目標に立てることで、どんな相手にも気持ちが揺らぐことなく自分のプレーに専念すること学び、若くしてゴルフ哲学を身につけていった。

ボビーのスイング特徴は、腰をキュッと回してフィニッシュまで一気に振り切るスタイルで、このスイングは腰への負担が大きかった。そのことが原因であったのかそうでないかは分からないが、後年になって脊髄空洞症を発症して、1948年に手術を受けたが46歳で終生車椅子の生活を送ることになった。そんなボビーが球聖と呼ばれるようになったのは、1925年の「第29回の全米オープン」（ウォーセスター・カントリークラブ）でのことであった。ボビーがアドレスに入った時にボールがわずかに動いた。対戦相手のウォルター・ヘーゲンは「故意ではなくわずかに動いただけで申告の必要はない」と云ったが、ボビーは「自らが審判である」の原則にしたがい、ボールが動いたことを申告して自らにペナルティーを課した。

その結果、2位のウィリー・マクファーレンと同スコアとなり、プレーオフでボビーは敗れた。それから5年後の1930年、28歳になったボビーは、これまで誰も成し遂げられなかった、世界の4大タイトル、全英アマ（セントアンドルース）、全英オープン（ロイヤル・リヴァプール）、全米オープン（インターラッセン・カントリークラブ）、全米アマ（メリオン・ゴルフクラブ）の順に次つぎへと優勝して、年間グランドスラムを達成した。

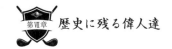

　ゴルフで「グランドスラム[2]」と表現したのはこの時が初めてであった。なお、年間グランドスラムを達成したのは今もボビーだけである。同年、米国体育協会はボビーの栄誉を称えてジェームス・サリバン賞を設立して第1回受賞者とした。その後も毎年、米国で最も優秀なアマチュアスポーツ選手への最高の賞として授与されている。

　しかし、ボビーは絶頂期であったにも関わらず、1930年の年間グランドスラムの達成からわずか7週間後に、アマチュアのまま28歳で競技生活から引退した。ボビーはジョージア工科大学の機械工学学士の資格と、ハーバード大学の英文学学士の資格を持つ博識の人物であるが、その後、エモリー大学に入学してわずか1年で弁護士資格も取っている。また、第二次世界大戦では空軍の指揮官としてノルマンディー上陸作戦にも参加している。

　引退後は、長年の夢であったゴルフマイスターのためのコース造りを始め、友人のクリフォード・ロバーツと候補地を探していた。ある日、彼らの共通の友人であるThomas Barret Jrから、オーガスタにフルーツランド・ナーサリーズと呼ばれるゴルフに適した土地があると薦められた。早速、その土地を視察したボビーは、一目で気に入り7万ドルで購入した。コースの設計はゴルフに対して同じ理念を持つ、イギリスのアリスター・マッケンジーと共同でおこなった。1931年にコースの新設工事を始め、翌1932年の12月には少数の会員で「オーガスタ・ナショナル・ゴルフクラブ」を創設して仮オープンし、翌年1月に正式にオープンした。オープン当初の競技会にはボビーも出場していたようだが、成績は公表するほどではなかったようだ。

　トーナメントの名称は最初から「マスターズ・トーナメント」が有力であったが、ボビーは難色を示し「オーガスタナショナル・インビテーショナル・トーナメント」と名付けられて、1934年に第1回大会が開催された。

（初期のトーナメントポスター）

その後、「マスターズ・トーナメント」に大会名が変更されたのは1939年の第6回大会であった。

　球聖ボビー・ジョーンズが亡くなったのは、1971年で享年69歳であった。1974年には世界ゴルフ殿堂が設立され、ボビーは最初に殿堂入りした偉大なアマチュア選手である。

　戦績

　全米オープン優勝：1923、1926、1929、1930

　全英オープン優勝：1926、1927、1930

　全米アマチュア優勝：1924、1925、1927、1928、1930

　全英アマチュア優勝：1930

余話

ボビー・ジョーンズが残した言葉の一例。

○人生の価値はどれほどの財産を得たかではなく、何人のゴルフ仲間を得たかである。

○グランドスラムはゴルフの腕前を示すものではない。いかに苦しい時を我慢づよく乗り越えたかの証しである。

○ゴルフは、努力し続ける能力が決定的な要素であることを確信している。

○ゴルファーの一番身近な最強の敵は、自分自身であることにすぐに気づくのである。

○ボールを打つのではなくスイングをせよ。

○ゴルフは目前の人と争うものではなく、コースに潜むオールドマン・パーとの戦いである。

○私は勝ったゲームから何も学び得たものはない。

○ゴルフは頭で考えるゲームであるが、それをコントロールできるか否かが問題である。往々にして考え過ぎて失敗することが多い。

脚注

（1）日本では「球聖」と形容されているが同様の英語はないようである。

（2）主要な試合を全て制覇すること。ゴルフ・テニスなどのスポーツ以外にも使われる言葉。

（幼少のボビー・ジョーンズ（画、アイゼンハワー元大統領）

第Ⅷ章

ゴルフにまつわる
エピソード

1 近代ゴルフの父

（Wikipedia：ハリー・バードン）

（Harry Bardon/1870~1937）
　ハリー・バードンは1896年から1914年の間に全英オープンで6度優勝しており、その記録は現在も破られていない。さらに1900年の全米オープンにも優勝した、ゴルフ史に残る偉大な選手の一人である。

　彼は「近代ゴルフの父」としても有名で、1905年には「コンプリート・ゴルファー[(1)]」という著書もだしている。近代ゴルフと言っても120年ほども昔の話である。ハリーはイギリス本島の最も南の、チャンネル諸島のジャージー島で生まれた。7歳からキャディーをしながらゴルフを覚えて、20歳でプロになっているが、彼は才能溢れるタイプではなく、ひたすら練習を繰り返す努力の人であった。また、研究熱心で多くのプレー技術を考案した人である。そして、生涯一度も怒ったことがないと云われるほど温厚な人柄であったそうだ。

　彼が考案したとされる技術で、最も有名なのは「バードングリップ」である。1800年の後半まではクラブは10本の指で握るテンフィンガーグリップが定番であった。もちろん、ハリーも当初はテンフィンガーグリップのゴルファーであった。彼は長身で無類の飛ばし屋であったが、度々でるフックボールに悩んでいた。

　ある日バードンは、子供の頃にバラの木で作った自作のクラブのことを思い出した。それは、シャフトに残った棘の部分を避けるため、右手の小指を左手に乗せてみたら、両手に一体感が生まれてショットが安定したことである。彼は試しにその時のグリップでボールを打ってみた。すると右手に余分な力が入らず、ボールが真っすぐに飛ぶことを改めて発見した。その後バードンはこのグリップに変えて数々の大会で勝利し

ている。人々はこのグリップを「バードングリップ」と呼び、現在の「オーバーラッピンググリップ」へと発展した。また、その頃スイングスタイルとして定番化していた、「クローズスタンス＆フラットスイング」を、「オープンスタンス＆アップライトスイング」に改良したのもバートンであった。このオープンスタイルで打つアイアンショットは、強いスピンを発生させて、ボールは高い軌道を描いてグリーンにピタッと止まった。ギャラリーはハリーの妙技に喝采を送り、プロは彼の技術に倣った。

　バードングリップを採用して、初めて全米オープンに優勝したのはアマチュアのフランシス・ウィメットだと云われている。

　しかし、バードングリップの発明には他説もある。イングランドのウェールズで学校教師をしていた、アマチュアゴルファーのジョン・ラドレーは、ハリーが8歳の頃から自分はオーバーラッピンググリップを実践していたと云っている。話の発端は、ハリーが20歳でプロとなった1890年の夏、ラドレーはシスル・カップでハリーと対戦して勝っている。ラドレーは「その時に見たハリーのグリップはベースボールグリップだった」と語り、ハリーは自分のグリフを真似たと云っている。しかし、ハリーが1905年に発刊した著書の「コンプリート・ゴルファー」にも「利き腕の力を弱めることによって左腕の力が生かされ、左右の腕が一体となり思いきり振れるスイングが実現した」と具体的に解説しており、ヒントはラドレーのグリップにあったとしても、それを理論的に完成したのはバードンであることは異論のないところである。

　1974年に世界ゴルフ殿堂は、ハリー・バードンが残した数々の功績を讃えてその名を残した。また、PGAは毎年USツアーで平均最少ストローク選手に「バードントロフィー」を贈っている。

脚注
（1）英語の直訳では「完璧なゴルファー」となる。

② プレストウィックが全英オープンから外れた訳(1925年)

（Mcdonald smith 1890〜1949）

　全英オープンと云えば、セントアンドルーズのオールドコースを思い浮かべる人が多いが、この競技は1851年に創設されたプレストウィック・ゴルフクラブが主催して、1860年に始めた大会である。

　このコースはトム・モリスが設計したことでも有名で、スコットランドの西海岸のプレストウィックにある。この大会は、英国最高のプロと称されていたアラン・ロバートソンの死後、英国のトッププロの称号を争奪するために始まった競技で、ゴルフ史上初めてのプロゴルファー競技であった。翌年にはアマチュアの参加を認める「全英オープン」へと発展していった。

　本大会はプレストウィックで1860年の第1回大会から、1872年の第12回大会まで連続して開催して、その後も1925年の第60回大会までの間に12回開催している。悲劇が起きたのは60回大会の出来事である。元々スコットランドは、歴代3人の国王が禁止令を出さなければならないほどゴルフが盛んな所で、特にグラスゴーから西の人たちのゴルフに対する偏狭ぶりは、想像を超えるものであった。彼らにとって全英オープンの観戦は、メッカ巡礼の狂信的信者と同じと云われるほどであった。こうしたゴルフへの熱狂的な背景が、プレストウィックを全英オープンのローテーションから外す原因となった。

　それは、第60回大会の全英オープン最終日のことであった。優勝を争っていたのは、地元出身の人気プロゴルファーのマクドナルド・スミス（通称マクスミス）と、ジム・M・バーンの二人であった。トップのマクスミスは2位のバーンズに5打差をつけて独走状態に入っていた。マクスミスは全英オープンに2年連続で3位入賞した実力があり、地元のファンは我がことのようにマクスミスの優勝を信じて、会場は異常な熱気に包まれていた。熱狂的なファンたちは独走態勢に入ったマクスミスの雄姿を一目見ようと、プレストウィックに殺到した。大会主催者たちは、こう

したファンの心理を十分に把握できず、ギャラリーの整理はいつも通り30人ほどの警備員が配置されただけであった。

　当時、決勝ラウンドの組み合わせは、勝ち残った選手が紙に名前を書いて帽子に入れて、各選手がそこからくじ引き形式で対戦相手とスタート順を決めていた。その結果、2位のバーンズはギャラリーの少ない早朝のスタートで、何の問題もなくプレーすることが出来た。しかし、マクスミスが引いたカードは午前10時過ぎのスタートであった。

　その頃には、グラスゴー、エア、アーヴィン、トルーンから、熱狂的ファンを乗せた列車が次々と到着していた。コースに着いたギャラリーたちは我先にスタートホールへと向かった。マクスミスがティーグランドに立った時には、なんと2万5千人を超えるギャラリーがコースを埋め尽くし、ギャラリーの一部はフェアウエイの中まで入り込んでいた。警備員が座り込んでいたギャラリーたちを立ち退かせながら、1番、2番と進んだが、通称カーディナルと呼ばれるパー5の3番ホールでティーショットをする頃には、フェアウエイはギャラリーによって埋め尽くされて、ボールの落とし場所がわずかに見えるだけであった。大会関係者や警備員が興奮した群衆を追いやる間、マクスミスは黙ってティーに座っていた。この中断で温まっていた身体は冷えて、案の定マクスミスのティーショットは右へと曲がり、さらに2打目を反対側のラフへと打ち込む展開となった。ここを何とかボギーで切り抜けたが、ホールごとに大勢のギャラリーを整理しなければならずプレーはしばしば中断した。

　一方、バーンズはギャラリーのいないコースで快調にプレーして、前半を36の好スコアで終えていた。マクスミスが何とか前半を終えた時にはスコアは42となっており、首位はバーンズと入れ替わっていた。そのスコアを見たファンたちはさらに興奮して、12番では酔った一団が警備員をつるし上げる騒動まで起こり、再びプレーは中断した。マクスミスは座ったままうつむいてそっと涙を拭った。その後もマクスミスへの歓声は止むことはなく、先にホールアウトしたバーンズのスコアがギャラリーに伝わると、群衆の声援は一気に凶暴なものへと変わった。マクスミスは暴徒化したギャラリーの罵声に耐えながら、ただボールを打ち続

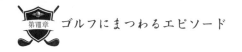

けるしかなかった。

　マクスミスの長い一日が終わった時にはスコアは82になり、60回大会で優勝に最も近かったマクスミスは4位で終わり、その後も全英オープンに優勝することはなかった。しかし、翌年の1926年にはカナディアン・オープンで優勝して、「全英で勝てなかったゴルファーの中で最も偉大な選手」として賞賛された。

　大会の後、R&Aは「プレストウィックでは観客の整理が難しく、選手の安全が確保できない」と判断して、全英オープンの開催コースから除くことを決定した。プレストウィック・ゴルフクラブは全英オープンを始めた由緒あるクラブであるが、1925年の60年大会を最後に今日に至るまで、全英オープンが戻ることはなく今後の見込みもないようである。

　この事件をきっかけにR&Aは、これまで無料であったゴルフ観戦を有料化して、ギャラリー数を制限すると伴に、大会経費を捻出することを決定した。そして、2年後に開催されたオールドコースでの全英オープンから、ギャラリーの有料化が始まった。

（プレストウィックゴルフの 18 番）

3 アマチュアゴルファーの父フンシス・デサール・ウィメット

（Francis DeSales Ouimet） 1893/5/8~1967/9/2

　フランシス・デサール・ウィメットは米国で「アマチュアゴルファーの父」と称せられた名プレイヤーである。

　フランシスは1913年の全米オープン優勝の実績を持ち、セントアンドルーズのロイヤル・アンド・エンシェント・ゴルフクラブ（R&A）のキャプテンとして、英国人以外で初めて選出されたゴルファーである。そして、1974年にはゴルフ界への数々の功績により世界ゴルフ殿堂に迎えられている。

　フランシスはボストンの南西にあるブルックラインで、カナダ系移民のアーサー・ウイメットとアイルランド移民の末裔であるメアリー・エレン・バークの間に生まれた。一家はフランシスが4歳の頃に、ザ・カントリークラブの17番に近いクライド・ストリートに小さな家を買ったが、暮らしは最貧層に近いものであった。

　幼い頃からコースの近くで育ったフランシスにとって、ゴルフは子供の頃からの遊びであり、11歳でキャディーを始めたのも自然な成り行きであった。当時、USGAはアマチュア規定によって16歳以上のキャディーを禁止しており、16歳を超えたキャディーはゴルフから離れて別の仕事に就いていた。

　フランシスは幼少の時から、兄に貰ったクラブとコースで拾ったボールで、ゴルフの練習をしていた。見よう見まねのゴルフであったが才能に恵まれていたのか次第に上達して、クラブのメンバーやキャディーマスターのダン・マクナマラの目にとまるほどの腕前になっていった。しかし、フランシスはすぐに本格的なゴルフを始めたのではない。ハイスクールの低学年の時に、父親から「学校に行くよりも、

（Wikipedia：フランシス・ウィメット）

世の中にはもっと役に立つことがあるはずだ」と諭されて、学校を中退して乾物店で働いた。しばらくして、野球殿堂入りした名選手ジョージ・ライトが経営するスポーツ用品店に勤めることになった。

その頃から20歳までのゴルフに関する記録はないが、20歳になった1913年に、地区の主要なゴルフ大会「マサチューセッツ・アマチュア大会」でいきなり優勝して、その後もこの大会で5回優勝している。同じ年の9月にロングアイランドのガーデンシティー・ゴルフクラブで開催された、アマチュア選手権では惜しくも準々決勝で、優勝者のジェローム・トラバーズに敗れている。

この試合を見ていたUSGAの会長ロバート・ワトソンから、その年の第19回全米オープン選手権に出場することを勧められた。例年、全米オープンは6月に開催されるが、その年は英国の有名なゴルファー、ハリー・バードン[1]とテッド・レイ[2]の招待のために、競技会を9月中旬に延期していた。ハリー・バードンは全英オープンでこれまで5回優勝[3]して、1900年の全米オープンでも優勝している。そして、テッド・レイは前年（1912年）の全英オープンの優勝者であった。

1913年の全米オープンの開催クラブは、フランシスが幼い頃にキャディーをしていたザ・カントリークラブであった。しかしフランシスは、仕事を休んで出場した全米アマから帰ってきたばかりで、店の主人に気兼ねして出場を辞退していた。その話を聞いた主人から出場を許されて準備に入ったが、大会直前になって予定していたキャディーに問題が起こり、代わりに付いたのは、なんと10歳のエディ・ロワリー[4]であった。

エディは幼いながらも的確なアドバイスでフランシスを勇気づけた。72ホールを終えて、フランシス、バードン、レイの3人が同スコアとなり、翌日雨の降るなかで18ホールのプレーが行われた。

（Wikipedia：左からハリー・バードン、フランシス・ウィメット、テッド・レイ）

その日フランシスは、これま

で経験したことのない大勢のギャラリーに囲まれたが、臆することなく1アンダーで回り、バードンに5ストローク、レイに6ストロークの大差をつけて優勝した。若干20歳のアマチュアゴルファーが、英国が誇るトッププロ2名を破ったのである。その驚きのニュースは全米中の新聞がトップで報道した。

　当時、米国のゴルフ界は英国人に独占支配されており、米国の一般市民にはゴルフは縁のないものであった。しかし、米国生まれのフランシスが、英国のトッププロ2人を抑えて優勝したことで、一般市民もゴルフを米国のスポーツとして認知するようになった。

　しかし、米国で一般市民がゴルフを楽しめる公営パブリックコースができたのは、フランシスの優勝から10年後であった。1895年になって、ニューヨークで初めてのパブリックコース「ヴァンコートランド・ゴルフコース」が開設された。その頃には米国のゴルフ人口は3倍にも増えており、プライベートコース、パブリックコース、リゾートコースなど、多様なゴルフコースが急増していた。

　一方、1916年になってUSGAがフランシスのアマチュア資格を剥奪する事件が発生した。理由は、「高い知名度を利用して、彼自身のビジネスに利用した」とするもので、アマチュア規定に違反していると判定された。しかし、この決定は合理的な根拠がなく、ウイメットを支持するゴルフ団体やファンから、USGAに対し多くの異議申し立てが出されたが、判定が覆ることはなかった。

（ウイメットとキャディーのエディー・ロワール）

　1918年にウイメットは陸軍に入隊して、第一次世界大戦の戦功によって中尉に昇進している。戦後になってUSGAはウイメットのアマチュア資格を回復しているが、フランシスはそのことを問題にすることはなく、その後USGAのいくつかの委員を務めるなど、米国のゴルフ界に大きく貢献している。

　1920年代には、同じアマチュアとして台頭してきたボビー・ジョーンズと何度か対戦して、接戦にはなるものの負けることの方が多かったようだ。フランシスはその後も活躍を続け、1931年に2度目の全米アマチュア選手権優勝を果たした。

　フランシスの主な戦績は、全米アマ（1914年・1931年）に2度優勝し、ウォーカーカップは初回から連続8回選手として出場している。その後もキャプテンとして4回出場して、11勝1敗の成績を残して生涯で27回の優勝を果たしている。

　1951年にフランシスは英国人以外で初めて、R&Aのキャプテンに選出されている。また、1955年にUSGAは彼を讃えるために、ゴルフにおける卓越したスポーツマンへの最高の栄誉とする「ボビー・ジョーンズ賞」を設けて、最初の受賞者とした。そして、1974年には「世界ゴルフ殿堂」に迎え、USGA博物館にはフランシスの名前を冠した部屋がつくられた。

　フランシスには大きな2つの功績がある。一つ目は、「オーバーラッピンググリップ」を採用してトッププレイヤーとなった最初のプレイヤーであったことである。これは、数々のプレー技法を開発したことで有名なハリー・バードンのグリップを倣ったもので、このオーバーラッピンググリップは、その後、広く普及して多くのチャンピオンを生んだ。

　二つ目は「フランシス・ウィメット奨学基金（Francis Ouimet Scholarship Fund)」の設立である。1949年にウイメットの友人らが彼を称えて設立した奨学基金で、マサチューセッツ州でキャディーとして働いている若者を対象に、大学奨学金を提供するものである。初年度には13名に総額4,600ドルが与えられ、それ以降5,100人を超える学生が選ばれて、これまでに2,600万ドルを超える奨学金を与えている。

　この奨学基金制度の対象は、最低2年間キャディーとして働いた者か、プロショップやコース管理で働いていた若者である。フランシス奨学基金は、全米で2番目の規模を持つもので、マサチューセッツ州では最大の独立奨学基金である。希望者は厳しい書類審査と面接を受けなければならないが、いったん選抜されると希望するどんな学校でも選ぶことが

できた。これが全米最大のキャディー奨学基金であるエバンズ奨学金との違いである。フランシス奨学金はニーズベースの奨学金であり、4年間に数千ドルから3万ドル、あるいはそれ以上が与えられた。

1997年には、「フランシス・ウィメット・ゴルフ生涯貢献賞（The francis quimet award for lifelong contributions to golf)」が創設され、奨学基金の席上で毎年授与式が行われている。これまでの受賞者には、アーノルド・パーマー（1997年）、ピーター・ヤコブセン（2006年）、ジャック・ニクラス（2007年）、アニカ・ソレンスタム（2010年）などが含まれる。また、1988年には、フランシスの栄誉を称えて25セントの「フランシス・ウイメット記念切手」が発行された。

作家のマーク・フロストは、フランシスの全米オープン勝利を中心とした伝記小説、"The Greates Game Ever Played" を出版している。この本を基にウォルトディズニースタジオ社が映画化して、2005年に封切りしている。映画のポスターには全米オープン優勝時に撮影された、10歳のキャディー、エディ・ロワリーと一緒に歩く姿が使われている。この象徴的な画像は米国のゴルフ界で最も有名なものの一つで、USGAの100周年記念のロゴにも使用された。また、写真を基にした二人の像は、マサチューセッツのブルックラインとフロリダ州オーガスティンの世界ゴルフ殿堂に飾られている。

フランシスはアマチュアでトップになったが、貧しかった父親の夢であった中流社会に這い上がるために、全米オープンの優勝から数年の後にゴルフ界を去った。その後は銀行家として働き、最終的にはブラウン・ブラザーズ・ハリマンの顧客財務アドバイザーとなって父親の夢を果たした。

1967年9月2日、マサチューセッツ州ニュートンにおいて74歳で亡くなった。

脚注

1.1870~1937年英国ジャージー島生まれ。全英オープン6回、全米オープン1回を優勝。オバー・ラッピングの生みの親と云われている。

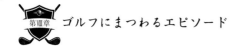

2.1877~1943年英国ジャージー島生まれ。1912年全米オープン。1920年全英
　オープン優勝

3.1914年にも全英オープンで優勝した最多優勝者（6回）。

4.その後、自動車販売で成功しゴルフトーナメントのスポンサーになる等、アメ
　リカのゴルフ界に貢献。

第IX章

世界のゴルフ年表

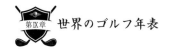

1360年	オランダの14都市で危険防止のため、公共の場の「コルベンを禁止」が公布され、違反者は20ギルダーの罰金刑が科せられた。
1363年	スコットランドのエドワードⅢ世によってフットボール禁止令が出された。この時点でゴルフに関する記述はない。
1400年	ロンドンのグロスター大聖堂にゴルフのスイングに似たステンドグラスが掲げられた。
1457年3/6	ゴルフに関する最古記録は、スコットランドのジェームズⅡ世が発令した「ゴルフ禁止令」。
1471年5/6	スコットランドのジェームズⅢ世「2度目のゴルフ禁止令」を発令した。
1485年	オランダからスコットランドへ「ゴルフボール」を輸出していた最古の記録が残る。
1491年5/14	スコットランドのジェームズⅣ世より3度目の「ゴルフ禁止令」、違反者に40シリングの罰金刑。
1502年9/21	ジェームズⅣ世は「ゴルフ禁止令」を破り、クラブ代金8シリングの支払が宮廷会計簿に残る。
1503年2/3	ジェームズⅣ世は臣下のボズウエル伯爵との「賭けゴルフ」で負け金42シリングを支払う。その他クラブとボール代金9シリングの支払が宮廷記録に残る。
1537年	ジェームズⅤ世はエディンバラに近いイーストロジアンのゴスフォードのリンクスでゴルフをした記録が残る。
1542年	メアリー女王は生後8日でスコットランド王位継承。史上最初のレディーゴルファーと云われている。1587年斬首となる。
1552年1/25	セントアンドリュース市の最高権力者のジョン・ハミルトン大司教は、市有地のリンクスを市民が自由に使う権利として正式に「ハミルトン・チャーター」を交付した。

1567年	メアリー王女が引き連れていたクラブ持ちの若い将校を、cadetと呼んだのがキャディー（caddie）の語源となる。
1592年4/19	教会の要請により「日曜日（安息日）」のゴルフを禁止。違反者は40シリングの罰金刑。
1600年	オランダからスコットランドにサジェスト（sajst）と呼ばれる羊毛を詰めたボールを輸出。同年オランダで「クラブメーカーの組合」を結成。
1603年	ジェームズⅥ世は、生涯王専属のクラブ職人として、エディンバラの弓職人ウイリアム・メインを召し抱えた。同年、スコットランド王のジェームズⅥ世は、1603年に血統によってイングランドの王を継承して、2国の王とジェームズⅠ世となる。
1607年	ジェームズ1世はスコットランドからロンドンに居を移し、ブラックヒース王立公園内に7ホールのゴルフコースを造る。
1608年	ブラックヒースゴルフコースで世界最古のゴルフクラブ「ロイヤル・ブラック・ヒース・ゴルフクラブ」が結成された。
1613年	ジェームズⅥ世はオランダからのフェザーボールの輸入を禁止して、エディバラのジェームズ・メルビルにフェザーボールの製作販売の独占権を与え公定価格を設定した。
1618年	1592年に制定した「日曜日」のゴルフ禁止令を緩和して、日曜礼拝のあとゴルフを可とした。
1637年	フェザーボール1個を盗んだ少年が絞首刑となる。
1650年	スコットランドからオランダにゴルフクラブを輸出。同年、米国のニューヨーク州のオラニエ砦でオランダの入植者が「コルベン」をした記録が残る。
1659年	米国のハドソン川近くのオルバニー地区の統治者が路上でのコルベン禁止条例を出す。

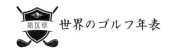

1963年	米国のUSGAはトーマス・ジ・マクマホンの提唱するHDCPシステムを採用した。
1672年	スコットランドの弁護士サー・ジョンのスコアカードの現存により、「マッセルバラを現存する世界最古のゴルフコース」としてギネスに登録された。
1707年	スコットランド王国とイングランド王国が統一して、「グレート・ブリテン」が誕生した。
1721年	「ティーイングエリア」に関する最古の記録が残る。
1732年	セントアンドリュース市の財政悪化で、オールドコース一帯のリンクスランドを養兎業者ジョーン・カークに賃貸する。条件としてハミルトン・チャーターの継続が付加された。
1741年	1741年の新聞に包まれたクラブが発見され、現存する世界最古と認定された。
1743年	スコットランドからアメリカに「ゴルフクラブ9本とフェザーボール432個」が初めて輸入された。同年、トームス・マジソンによって世界最古のゴルフ雑誌「The・Golf」を出版された。
1744年	スコットランドのエディンバラの「リース・リンクス」を拠点として世界最古の「ジェントルメン・ゴルファーズ・オブ・リース」を創設し、世界最古の13箇条のゴルフルールを制定した。同年、世界初の公式クラブ競技としてシルバー競技がマッチプレーで開催された。本競技がクラブ選手権の起源となった。
1754年	オールドコース（22ホール）を拠点とするファイフの22人の貴族と紳士によって、「セント・アンドリューズ・ソサエティ・ゴルファーズ（R&Aの前身）」が創設された。ゴルフルールは、1744年に制定された「13箇条のルール」がそのまま引用された。同年、R&Aは「紳士のゴルファーの会社」を倣って、シルバーカップ競

技を開始した。

1759年　R&Aは、シルバーカップ競技をこれまでのマッチプレーを変更して「ストロークプレー」を公式の年次競技とした。

1764年　オールドコースは用地問題から22ホールを18ホールに縮小された。以降、世界のゴルフコースはオールドコースを倣って18ホールを定番とした。

1765年　18ホールとなったオールドコースで最初にシルバーカップ優勝者となったのはフランシス・チャータリスで108打であった。

1768年　スコットランドの「ジェントルメン・ゴルファーズ・オブ・リース」はクラブ名を「オナラブル・カンパニー・オブ・エディンバラ・ゴルファーズ」に改称した。

1770年　イギリスの奴隷商人によって、アフリカのシエラオーネのバーンズ島にゴルフ場が建設された。

1773年　キャディーがゴルフ用語として初めて公式に使われた。

1779年　ニューヨークにゴルフクラブとボールの販売店が設立された。

1780年　セントアンドルーズ市は財政悪化のため、オールドコース一帯のリンクスをアースキン伯爵に売却した。その後チャールズ・デンプスターに転売された。

1787年　アメリカのチャールストンのサウスカロライナにゴルフクラブとボールの販売店を設立された。

1800年　ドライバーの原型となるプレークラブが製作された。

1804年　R&Aは養兎業のチャールズ・デンプスターを「契約不履行」として提訴した。裁判は1813年にデンプスターより提訴取り下げとなる。百年戦争と云われていた土地を1893年にセントアンドルーズ市が買収して終結となる。

1810年　最古の婦人競技として、マッセルバラの「フィッシュ・レディー」の競技議事録が残る。

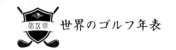

1812年	「バンカー」が初めてゴルフ用語としてルールブックに掲載された。
1815年	「最古のプロゴルファー」アラン・ロバートソンの誕生（1815~1859）。
1830年	英国のエドウィン・ビアード・バディングは初めて芝刈り機を発明して特許を取得した。
1834年	「セント・アンドリューズ・ソサエティ・ゴルファーズ」は国王ウィリアムⅣ世からロイヤルの称号を与えられ「ロイヤル＆エンシェント・ゴルフ・クラブ（R&A）」に改称した。
1840年	スコットランドにはゴルフを職業とするものが10名ほどいた。
1845年	スコットランドのアダム・パターソンが樹脂から作った「ガッティボール」を発明。但し、使われたのは1849年頃でからある。
1851年	トム・モリスはアラン・ロバートソンから別れ、プレストウィックでプロ兼グリーンキーパーとなる。
1855年	オールドコースで行われた「ゴールドメタル競技」でジョージ・グレニーがガッティーボールで88打回り優勝。その後24年間更新されず。
1860年	スコットランドのプレストウィックで「第1回のプロ競技」（アラン・ロバートソンの後継者選び）が開催され、翌年全英オープンとなる。
1864年	ウィンブルドンで「ロンドン・スコティッシュ・ゴルフクラブ」を創設。後に「ロイヤル・ウインブルドン・ゴルフクラブ」となる。
1865年	トム・モリスはプレストウィックからセントアンドリュースに戻り、オールドコースのプロ兼グリーンキーパーとなる。
1865年	第6回全英オープンで初めて「スコアカード」が使用さ

れた。

1867年　　セントアンドリュースのオールドコースを拠点に世界最古のレディースクラブが創設された。

1868年　　第9回全英オープンはトム・モリス・ジュニアが史上最年少で優勝した。

1869年　　第11回全英オープンでトム・モリス・ジュニアの「ホールインワン」が初めて公式記録に残る。

1870年　　○パーをゴルフ用語として使ったのはプレストウィックの全英オープンで、ゴルフ記者marColemanがミスのないプレーを「Prestwickのpar」と呼んだのが最初である。但し、R&Aはゴルフ用語として認めず。
　　　　　○USGAはパーを最初にゴルフ用語として採用した。
　　　　　○英国のトム・ダンが改造した「ロイヤル・ウインブルドン・ゴルフコース」は、ハーフでスタート地点に帰る画期的な設計で、現在のコース設計の原点となった。
　　　　　○ヤング・モリスが全英オープンを3年連続で優勝して、チャンピオンベルトを自己のものとした。その後プレストウィックの単独開催を断念。セントアンドリューズ、ミァフィールドの3クラブの共同開催として毎年会場は持ち回りで開催することになった。
　　　　　○クラブ職人のロバート・フォーガンの実験研究によって、ヒッコリーのシャフトとパーシモンのヘッドの組み合わせが最良と結論された

1873年　　セントアンドリュースのオールドコースで初めて「第13回全英オープン」を開催。

1874年　　後に全英アマチュアでランナーアップとなった、ヘンリー・ラムによってフェースが凸型の「バルジャーフェース」のドライバーが開発された。

1875年　　オールドコースで初めて区画されたティーグランドが

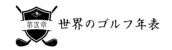

　　　　　　　　　トム・モリスによって造られた。

1880年　　　○ボールに凸型（ブランブル）等、多様な模様が付い
　　　　　　　　　たガッティボールが販売された。

　　　　　　　　○英国のロバート・フォーガンによってウッドヘッド
　　　　　　　　　に斜穴を開けてシャフトを挿入する方法が発明された。

1883年　　　シルバー・クロス競技でアレクサンダー・スチュアー
　　　　　　　　トがこれまでの最少打数83でラウンドした。この時の
　　　　　　　　オールドコースは全長6572ydであった。

1888年　　　○米国のゴルフの起源は2/22ニューヨーク郊外ヨンカー
　　　　　　　　　ズの牧場でジョン・レイドが造った3ホールのコース
　　　　　　　　　である。

　　　　　　　　○同年6ホールに増設して、11/14米国最古のゴルフク
　　　　　　　　　ラブ「St. Andrews Golf club Yonkers」が創設された。

1889年　　　スコットランドのウイリアム・ブロックソンとアーサー・
　　　　　　　　ダグラスによってティーペグの特許が申請された。

1890年　　　○人対人りのマッチプレーに変わる対戦相手として「標
　　　　　　　　　準スコア（Ground Score）」が生まれた。

　　　　　　　　○英国では標準スコアをボギー（Bogey）と呼んだ。

　　　　　　　　○インドの「カルカッタ・カップ競技」でフレディー・
　　　　　　　　　テイトが77打を出してアマチュア最少記録を残した。

1891年　　　○R&Aは初めてホールの直径を「4.25吋（108㎜）」に
　　　　　　　　　規定した。

　　　　　　　　○スコットランドで「パーシモン（柿の木）」をクラブヘッ
　　　　　　　　　ドに使い、ヒッコリーとパーシモンの組み合わせが
　　　　　　　　　約100年続いた。

　　　　　　　　○「ティーペグの誕生」、米国のニュージャージで歯医
　　　　　　　　　者を営む、ウイリアム・ロウエルによって考案された。

1893年　　　オールドコースを含むリンクスの「土地に関する裁判」
　　　　　　　　は市が土地を買い戻し結審した。市民から百年戦争と
　　　　　　　　呼ばれた。

1893年	「第1回の全英レディース選手権」がセントアンドリュースのオールドコースで開催された。
1894年	アメリカの7クラブによって「全米アマチュアゴルフ協会」が設立されて、その後「全米ゴルフ協会(USGA)」となる。
1895年	○「第1回全米オープン」がニューポートCCで開催された。 ○「第1回全米アマチュア選手権」同クラブで開催された。 ○エディンバラのベーバートン・ゴルフクラブのキャプテン、トーマス・ホースブラによってソリッドの「スチールシャフト」が特許申請された。R＆Aはクラブの伝統的通念に反するとして認めず。 ○「アルミヘッド」のパターが考案された後、アルミクラブのセットが販売されたが不評に終わった。 ○米国で最初に造られたパブリックコースはニューヨークの「ヴァンコートランド・ゴルフコース」である。
1896年	フレディー・テイトは全英アマチュア選手権に優勝。
1898年	米国でコバーン・ハスケルとバート・ワークによってゴム糸芯巻ボールの「ハスケルボール」が発明された。
1899年	○コバーン・ハスケルが開発した「ハスケルボール」で特許取得した。但し、R&Aは使用を認めず。
1900年	○「オリンピック」のパリ大会で初めてゴルフ競技が取り入れられた。
1902年	○R＆Aが公式に「ハスケルボール」の使用を認めた。 ○英国のランサムズ社は「ガソリンエンジン搭載」の芝刈り機の製造販売を始めた。
1903年	日本最古のゴルフ倶楽部「神戸ゴルフ倶楽部」が誕生した。
1905年	ハスケルボールに初めて「ディンプル模様」が付けられた。
1908年	USGAは標準打数を「パー」と表現した。
1910年	「スチールシャフト」が米国で開発された。
1911年	○全米オープンで16年目に、「初めてアメリカ人のジョ

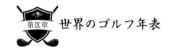

ン・マクダーモットが優勝」した。

○米国のトーマス・ジ・マクマホンによって、ハンディキャップの算出に「ディファレンシャル方式」が考案された。

1913年　「第1回全米オープンゴルフ選手権」がボストンのザ・カントリークラブで開催され、優勝はアマチュアのフランシス・ウィメットである。

1914年　R＆Aは「スチールシャフト」の使用を認めず。

1915年　英国のG・リーによってクラブの「トゥー＆ヒール」のバランス理論を発表して米国で特許を取得した。

1916年　○「全米プロ協会（PGA）」がロッドマン・ワナメーカーによって創設された。

○「第1回全米プロ」はマッチプレーで、シワノイ・カントリークラブで開催。優勝はジェームス・M・バーンズで賞金は500$であった。

1920年　○R＆AはUSGAの設定したスモールサイズのボールを統一規格とすることを決定した。

○米国でスチールシャフトのクラブが発明された。但し、R＆Aがスチールシャフトの使用を認めず。

○これまでニックネームで呼んでいたアイアンクラブに№を刻印。

1922年　イギリス生まれのアメリカ人である、ウォルター・ヘーゲンが初めて「第57回全英オープンゴルフ」で優勝。

1924年　○R＆Aはオールドコースの18番近くにクラブハウスを建造。

○7倶楽部によって「日本ゴルフ協会（JGA）」が設立された。

○米国でパターのシャフトに限ってスチールシャフトの使用が認められた。

1925年　○プレストウィックの第60回全英オープンの会場で「ギャ

200

ラリーの暴走」が発生。以降、プレストウィックは本大会の会場から外された。

○コースの難易度を表す指標としてコースレートが導入された。

1926年　○米国のUSGAはスチールシャフトを公認した。

○米国で「グリーンキーパーズ協会（NAGA）」が設立された。

1928年　米国のトゥルーテンパー社はステップのないシャフトを製造した。

1929年　R&Aはゴルファーの急増でシャフト材のヒッコリーが足らないことを理由にスチールシャフトを公認した。

1930年　○米国のボビー・ジョーンズが「年間グランドスラム」を達成した。

○USGAはゴルフボールのサイズを「ラージサイズ」に規定した。

1932年　ボビー・ジョーンズとクリフォード・ロバーツによって「オーガスタ・ナショナル・ゴルフ・クラブ」が創設された。

1934年　オーガスタで初めてのトーナメント、「第1回オーガスタ・ナショナル・インビティション・トーナメント」を開催された。

1939年　○オーガスタの大会は6回目から名称を「マスターズ・トーナメント」に改めた。

○R&Aは「クラブの本数制限」はパターを含む14本に制定した。

1951年　NAGAは「アメリカ・ゴルフコース・スーパーインテンデンツ協会（GCSAA）」に名称を変更した。

1952年　R&AとUSGAは独自のゴルフルールを統一して世界共通ルールを設定した。

1963年　1911にマクマホンが考案したハンディキャップシステ

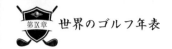

ムを基にUSGAはHDCP規約を制定した。

1978年　　　リチャード・ストラウド博士はUSGAのHDCP委員会
　　　　　　に対し、ボギープレイヤーに対する「スロープレーティ
　　　　　　ング方式」の導入を提言した。

1979年　　　USGAはストラウド博士を加えたHDCP委員会を設立
　　　　　　して、ディーン・クヌース博士を中心に、「ボギーレー
　　　　　　トやスロープレート」の研究を開始した。

1987年　　　「スロープレーティング方式」はUSGAが開発して世界
　　　　　　60か国が導入した。日本が導入したのは2014年であった。

1990年　　　R&AとUSGAはボールサイズをUSGA規格のラージサ
　　　　　　イズに統一することに合意した。

日本のゴルフ小史
(1899 年～1958 年)

710年〜784年　奈良文化財研究所は平城京跡地から出土した木球は当
　　　　　　　時の宮廷球技に使われたものと推定。

1901年（明治34年）兵庫県神戸市の六甲山頂に、英国人のアーサー・
　　　　　　　ヘスケス・グルームによって日本で初めて4ホールの
　　　　　　　ゴルフコースを開設。

1903年（明治36年）
○5月24日、六甲コースを9ホールに増設して、日本で初めての「神戸ゴ
　ルフ倶楽部」を創設。
○同日、日本で最初のゴルフ競技、第1回倶楽部選手権（Challenge
　Cup）を開催。

1904年（明治37年）
○「神戸ゴルフ倶楽部」は10月に9ホールを増設して18ホールとなる。
○「横屋ゴルフ・アソシエーション（1904〜1914）」、神戸市魚崎にW・
　j・ロビンソンが6ホールの横屋コースを創設。

1906年（明治39年）
○「ニッポン・レース・クラブ・ゴルフフィング・アソシエーション
　（NRCGA）」、11月に横浜根岸の競馬場の中の9ホールで創設。

1907年（明治40年）
○「横浜対神戸の第1回インターポート競技」を4/8に開催。
○「第1回日本アマチュア選手権」10/20に神戸ゴルフ倶楽部で開催。
○神戸ゴルフ倶楽部で、日本人で初めて小倉庄太郎と妹の未子が会員
　となる。

1913年（大正2年）
○「雲仙ゴルフ場」、8/14に日本初のパブリックコース（9ホール）が開場。
○「横屋ゴルフ・アソシエーション（横屋GA）」用地問題で閉鎖。

1914年（大正3年）
○「東京ゴルフ倶楽部（9ホール）」、東京の駒沢に初めての日本人運営の
　ゴルフ倶楽部を創設。
○「鳴尾ゴルフアソシエーション」、横屋GAを閉鎖して兵庫県西宮
　の鳴尾浜競馬場の跡地に移転。

1916年（大正5年）

○日本アマチュア選手権に初めて日本人の杉本虎児が出場。

○「第1回インターポート競技」、神戸対横浜の婦人ゴルファーによって開催。

1917年（大正6年）

○「箱根仙石原ゴルフ倶楽部（7ホール）」、神奈川の箱根に創設。

1918年（大正7年）

○「第12回日本アマチュア選手権」で初めて日本人の井上信氏が優勝。1~5位迄日本人が占めた。

1920年（大正9年）

○神川県の「箱根仙石原ゴルフ倶楽部」が閉鎖となり、富士屋ホテルが買収して日本初の民営パブリックコース「箱根仙石原ゴルフコース」として開業。

○「鳴尾ゴルフ・アソシエーション」用地問題で閉鎖。

○「鳴尾ゴルフ倶楽部」、鳴尾GA跡地で鈴木商店の社員によって3ホールで創設。

○「舞子カンツリー倶楽部（9ホール）」が南郷三郎によって創設。

○同倶楽部で日本初のプロゴルファー福井覚治誕生。

○新宿御苑に皇室専用の6ホールコースが造られ、1922年に9ホールとなる。

1922年（大正11年）

○「程ヶ谷カントリー倶楽部」が井上準之助・森村市左衛門ら東京ゴルフ倶楽部の有力メンバーによって創設。

○「東京ゴルフ・駒沢コース」日英皇太子による「日英親善ゴルフ」を開催。

○「甲南ゴルフ倶楽部」が横屋GA跡地に南郷三郎によって設立。

○「軽井沢ゴルフ倶楽部（9ホール）」、創設。

○日本初のゴルフ雑誌「阪神ゴルフ」が伊藤長蔵によって発刊。

1924年（大正13年）

○赤星六郎、米国留学中にパインハーストの「第20回スプリング・トーナメント」で優勝。

○「ジャパン・ゴルフ・アソシェーション（ＪＧＡ）」、東西7倶楽部によって設立。

○杉本虎吉、日本で初めて「ゴルフ競技規則」訳本を発刊。

1925年（大正14年）

○「茨木カンツリー倶楽部」を創設。

○茨木CCで「宮本留吉」日本で4番目のプロとなる。

○JGAは標準打数の名称を「ボギーからパー」に改定した。

1926年（大正15年）

○10/2「宝塚ゴルフ倶楽部（3ホール）」で開場。昭和2年には9ホールに拡張。

○「第1回プロゴルフ選手権」茨木CCで開催。優勝者は宮本留吉。

○「第1回関西オープン」茨木CCで開催。優勝者は福井覚治である。

○10月、「関西ゴルフユニオン」設立、後に関西ゴルフ連盟と改称。

○12/25元号が昭和となる。

1927年（昭和2年）

○「第1回日本オープン」開催。赤星六郎がプロを抑えて優勝。

1928年（昭和3年）

○「川奈ホテルゴルフコース」大島コース開場。

1929年（昭和4年）

○宮本留吉、安田幸吉が初の海外遠征。「ハワイ・オープン」に参戦。

○福岡県で「ゴルフ税」が初めて設定。

○「我孫子ゴルフ倶楽部」創設。

○「名古屋ゴルフ倶楽部和合コース」創設。

○「霞が関カンツリー倶楽部」創設。

1930年（昭和5年）

○アメリカの一流プロ、ウォルター・ヘーゲン、ジョー・カークウッド、ビル・メルホーン、ボビー・クリックシャンク氏らが来日。宮本らとエキシビション競技が開催。。

○「鳴尾ゴルフ倶楽部」川西市に移転。

○岡山県倉敷市高梁川河口に日本初の河川コース、「吉備ゴルフ倶楽部」開設。

○「三田ゴルフクラブ」が元神戸ゴルフ倶楽部支配人の佐藤満によって創設。

○宝塚ゴルフ倶楽部18ホールに拡張。

○「日本のゴルフ史」西村貫一によって発刊。

○コース設計家チャールズ・アリソン来日。朝霞コース、広野GC、川奈ホテル（富士コース）を設計。霞が関（東コース）、茨木、鳴尾（猪名川コース）、宝塚、の改造計画を実施。

1931年（昭和6年）

○「アメリカのウインターサーキット」日本ゴルフ連盟から宮本留吉、安田幸吉、浅見緑蔵、3名を派遣。

○宮本留吉は一人残り、アメリカ、カナダのトーナメントを転戦。

○第1回関東プロ競技で浅見緑蔵が優勝。

○満州事変の勃発。

1932年（昭和7年）

○東京ゴルフ倶楽部は駒沢コースを閉場して「朝霧コース」に移設。

○「舞子カントリー倶楽部」解散。同年9月パブリックコースとして再開。

○3/23宮本留吉は米国のパインハーストでボビー・ジョーンズにエキシビジョンマッチに勝利して掛金5\$を貰う。

○5/16、宮本留吉は英国のコームヒル・ゴルフクラブで英国皇太子に指名されて同伴プレーをする。

○「全英オープン」6/6日本人として初めて宮本留吉が出場。

○2/9東京ゴルフ倶楽部の創立者「井上準之助」血盟団により暗殺。

1935年（昭和10年）

○日本ゴルフ協会（JGA）が「ゴルフ規則」を法文化。

○US.PGAからの招待で4月~7月まで3カ月にわたるツアートーナメントに参加。安田幸吉・浅見緑蔵・宮本留吉・中村兼吉・戸田藤一郎・陳清水、6名が渡米。

1936年（昭和11年）日本人として初めて、戸田藤一郎と陳清水がマスターズ・トーナメントに出場。

1937年（昭和12年）

○米国の「ジーン・サラゼン来日」。茨木CCでKGU主催の模範競技
　を披露。

○10/3「小金井カントリー倶楽部」創設。

1938年（昭和13年）JGA「日本体育協会」に加盟。

1940年（昭和15）東京ゴルフ倶楽部が「狭山コース」移転。

1941年（昭和16）12月6日太平洋戦争勃発。

1942年（昭和17）戦争によってJGAは解散し「大日本体育会打球部
　　　　　　　　会」に統合。

1943年（昭和18）ゴルフ用語は敵性用語に指定。

1944年（昭和19）戦局悪化によって「KGU解散」。

1945年（昭和20）太平洋戦争終戦

1946年（昭和21）戦後占領軍によって各地のゴルフ場を接収。

1949年（昭和24）「JGA」活動復活。

1950年（昭和25）「JGA主催競技」を復活した。

1951年（昭和26）9/12舞子パブリックの跡地に「垂水ゴルフ倶楽部」
　　　　　　　　を創設。

1955年（昭和30）「ウインターグリーン」東京GCで初めて誕生。

1957年（S32）

○10月、霞が関CCで「カナダカップ」開催、日本チームが優勝。

○「日本プロ協会」設立。

以上

参考文献

1.神戸ゴルフ倶楽部70周年記念誌
2.神戸ゴルフ倶楽部100周年記念誌
3.神戸ゴルフ倶楽部のブログ:100年の歩み
3.六甲回顧75年：月間 pargolf1994年1月～10月号南岡政一
4.横屋ゴルフ・アソシエーション：ウィキペディア
5.神戸市魚崎町誌（生活文化史第32号）
6.横屋ゴルフ・アソシエーションの誕生（鳴尾の源流）：鳴尾ゴルフ
　倶楽部ブログ
7.甲南ゴルフ倶楽部：Wikipedia
8.神戸・横浜、開花物語:神戸市立博物館
9.むかしの六甲・有馬:神戸新聞総合出版 S 石戸信也
10.兵庫県体育スポーツの歩み:兵庫県教育委員会
11.神戸スポーツ草創史：神戸市紀要神戸の歴史
12.兵庫県歴史の旅:礼文社南原宏平
13.神戸・横浜開花物語：神戸市立博物館発行
14.日本レースクラブ・ゴルフ・アソシェーション：馬事文化財団設
　立40周年特設サイト。
15.日本ゴルフ全集（3）日本ゴルフコースの発達史:NRCGA 横浜根岸
16.日本レースクラブ・ゴルフ・アソシェーション：SmartAccess
　（お出かけマガジン）
17.雲仙ゴルフ倶楽部：Wikipedia
18.1930年代国際刊行政策による雲仙の国際リゾート地開発：日本建
　築学会計画系論文集：第599号149-156（砂本文彦）
19.雲仙、温泉公園滞在外国人国別宿泊人数：雲仙観光局
20.グラバー邸のもう一人の住人倉場道三郎：長崎市広報課ナガジン
21.東京ゴルフ倶楽部75年史
22.東京ゴルフクラブの歴史：Wikipedia

23.「東京ゴルフ倶楽部」の設立と展開に関する研究：広島大学院総合科学研究科（坂本公紀）

24. 鹿島の軌跡（東京ゴルフ倶楽部朝霞コース）：鹿島建設

25. 舞子カンツリー倶楽部時代（垂水の歴史）：垂水ゴルフ倶楽部。

26. 垂水ゴルフ倶楽部100周年記念誌史。

27. walk with history vol.1~5：日本プロゴルフ殿堂

28. 日本最初のプロゴルファー「福井覚治」：神戸市灘区生活文化史（2004/3/31）

29. 福井覚治：Wikipedia

30. 日本で2番目の横屋コースとプロ1号福井覚治：GOLF報知（2014/12/22）

31. 鳴尾ゴルフ倶楽部50年年史

32. 鳴尾ゴルフ・アソシェーション：日本のゴルフ史（西村貫一）

33. 鳴尾の歩み：日本のゴルフ史（西村貫一）

34. 鳴尾ゴルフ倶楽部：Wikipedia

35. 茨木カンツリー倶楽部30年記念誌

36. 関西ゴルフの生い立ち：関西ゴルフ連盟理事（岡橋清元）

37. ゴルフ一筋・宮本留吉回顧録：ベースボールマガジン社

38. 労働者ゴルファーとしての宮本留吉：堀つくり返し屋のノート

39. 宝塚ゴルフ倶楽部年記念誌

40. 程ヶ谷カントリー倶楽部：Wikipedia

41. ゴルフ場の芝生管理角田三郎（芝草研究第17巻第1号83~86）

42. 日本の芝草研究を生み育てた大正・昭和時代：北村文雄（芝草研究40周年特別記事第41号38~41

43. 三田ゴルフクラブ：Wikipedia

44. 神戸GCの支配人が日本人のために造った関西で6番目のコース：ゴルフバカの気まぐれブログ

45. 日本ゴルフ全集（3）日本ゴルフコース発達史（1）：井上勝純

46. 新版ゴルフコース管理必携（財団法人関西グリーン研究所）

47. ゴルフ規則：㈶日本ゴルフ協会

48. ゴルフ発祥と発達の歴史:ゴルフコース設計者協会（倉上俊治）

49. ゴルフ大衆化の先駆者達：ゴルフ場設計者協会（倉上俊治）

50. ゴルフの歴史とこれからの課題：月間ゴルフマネージメント2011）
（倉上俊治）

51. ゴルフ場黎明期の歴史と今（4番目に古いゴルフ場）：月間ゴルフ
マネージメントゴルフコース設計者協会（倉上俊治）

52. ゴルフの原風：日本G設計者協会（嶋村唯史）

53. 美しい日本のゴルフコース：月刊ゴルフダイジェスト:田野辺薫

54. 日本のゴルフ100年：日本経済新聞久保田誠一

55. 写真で見る日本のゴルフ史:福島靖の取材メモ

56. TheRootsofGolf金田武明監修（日本ゴルフ協会）講談社

57. アメリカでのゴルフの始まり：ゴルフ惑星（篠原嗣典）

58. ゴルフ基礎原論第1部ゴルフゲーム第4章ゲーム Section5ハンディ
キャッピングとスロープレーティング：National Golf Foundation
College Textbooks

59. ゴルフの起源：Hagi Interrnational University Review,
vol7・8,No1,nov,2006寺崎義永

60. ゴルフ（Golf）:翻訳、水谷準、塩田正、飯田正樹

61. ゴルフ:wikipedia

62. ベッドで読むゴルフの本：攝津茂和

63. ゴルフの歴史と精神:栁田隆久

64. ゴルフ公論：川田太三

65. ゴルフボール:住友ゴム浜田明彦

66. クラブ道具の歴史：さくらゴルフ器具製作所植田登

67. 最古のゴルフクラブ又は協会：Scottish Golf is story

68. ゴルフの歴史「諸説ある起源から用具の移り変り」:Half Time

69. 芝刈り機の歴史：Ransomes Jacobsen

70. 芝刈りと芝刈り機の歴史：東洋グリーン㈱

71. 大鎌：Wikipedia

72. 緑の牧草地・最初の芝刈り機の話：メアリー・ベリス

73.コースレートとは：Wikipedia

74.パーの起源：株式会社MASA グリーンオンサービス係

75.クラブ：コトバンク（日本大百科全書ニッポニカ）

76.クラブ：Wikipedia

77.St・Andrews（ゴルフの故郷を訪ねて）：秋山真邦

78.セントアンドルーズオールドコース：Wikipedia

79.スコットランドに於けるゴルフコース：イルランド・イギリス、
　　ゴルフの旅相談大澤敬蔵

80.ミュアフィールド：アイルランド・イギリスゴルフの旅相談所
　　大澤敬蔵

81.マッセルバラ・リンクス・ジ・オールド・ゴルフコース：大澤啓蔵

82.アラン・ロバートソン：Wikipedia

83.オールド・トム・モリス：Wikipedia

84.フランシス・ウィメット：Wikipedia

85.ハリー・バードン：clubonof

86.トム・モリス・ジュニア：週刊ジャーニー手嶋功

87.ボビー・ジョーンズ：Wikipedia

88.全英オープンを中止に追い込んだ男：週刊ジャーニー手島功

89.球聖ボビー・ジョーンズ：ゴルフ豆辞典

90.The story of the August National golf club : clifford roberts

91.ウィンブルドンとイギリスのゴルフ史：Fordes Japan

92.English garden diary：マクギネス真美

93.DAKS英国情報：ブログ

94.フジ天城ゴルフ倶楽部：ブログ

95.ゴルフ目からうろこ・ストロークプレーの歴史:Ameda

96.ゴルフの風に吹かれて:新潮社夏坂健

97.ゴルフのルーツを探る:中央公論事業出版 井山登志夫

98.b@.2Sイギリス人:ちくま書房 尾崎寔

99.リンクスランドより:東京書籍永井淳

100.その他

以上

あとがき

　私は22歳から70歳になるまで、ゴルフ場のコース管理に従事してきましたが。キーパー時代はゴルフの歴史に興味を持つゆとりもなく、日々に追われるままリタイアの身となりました。

　ある日、通りかかった古本屋で、攝津茂和氏の「ベッドで読むゴルフの本」を買ったのがきっかけとなり、手元にあったゴルフ倶楽部の記念誌を改めて読み直すなど、ゴルフの生い立ちに興味を持つようになりました。

　そこで、「リタイアした者には金がなくても時間がある」という特権を利用して、成るかならないか、素人ながらに「ゴルフの生い立ち」の発刊に挑戦することにしました。

　幸いキーパー時代の友人も協力してくれて、明治、大正時代に創設された、神戸ゴルフ倶楽部や、東京ゴルフ倶楽部や、舞子カンツリー倶楽部、茨木カンツリー倶楽部など多くの資料を参考にすることができました、また、月刊par・golfに掲載された元神戸ゴルフの支配人南岡政一氏の回想録や、武藤一彦氏から「黎明期に名を馳せた宮本留吉の物語」、手嶋功氏からは「全英オープンを中止に追い込んだ男・トム・モリス・ジュニア」を始め、多くの方々の資料を参考にさせていただきました。他にも、図書館で西村貫一氏や横屋ゴルフ、鳴尾ゴルフなどの古い資料も読むことが出来ました。また、掲載写真は神戸ゴルフ倶楽部を始め、東京ゴルフ倶楽部、垂水ゴルフ倶楽部、雲仙ゴルフ倶楽部、他にも奈良文化財研究所や日本ゴルフ殿堂、株式会社京都書院、その他多く方々の協力を頂きました。

　整理を始めてから2年近くかかりましたが、幸にも日本橋出版の大島氏が興味を示され、こうして出版して頂くことができました。素人が書いた拙いものですが、より多くのゴルファーの方々にお読みいただき、日ごろのゴルフ技術書とは違った、ゴルフの生い立ちの面白さを知って頂けたらと思っております。また、私の古巣であるコース管理に従事し

ている方々には「ゴルフの歴史入門書」としてお読みいただければ幸い
に存じます。

　巻末になりましたが、多くの助言頂きました諸先輩、貴重な資料の使
用を許可していただきました各倶楽部の方々、既発表の原稿やインター
ネットでのブログを参考にすることをご承諾していただきました方々、
すべての方々に、改めて感謝しお礼申し上げます。

　また、連絡が取れなかった方々には、ここにお詫びを申し上げるとと
もに感謝の意を表します。

　　　　　　　　　　　　　　　　　　　　　　　　　　山本久仁夫

山本久仁夫（やまもと・くにお）
1945 年　兵庫県赤穂市生まれ　兵庫県立赤穂高校卒
1968 年　初めて赤穂カンツリークラブの新設工事に関わる
1975 年　一般財団法人関西グリーン研究所（研究生）
以来 70 歳までの 47 年間ゴルフ場の新設とコース管理部門に従事している。
【関連コース】
　赤穂カンツリークラブ
　美和ゴルフクラブ
　尾道宇根山カントリークラブ
　吉備カントリークラブ
　城山ゴルフ倶楽部
　東広野ゴルフ倶楽部
　日清都カントリークラブ
　東洋メンテナンス㈱：新大阪 GC、栗東 GC、名古屋港 GC、秋葉 GC、他

気軽に読めるゴルフの起源　ゴルフはこうして始まった

2024 年 2 月 22 日　　第 1 刷発行

著　者 —— 山本久仁夫
発　行 —— 日本橋出版
　　　　　　〒 103-0023　東京都中央区日本橋本町 2-3-15
　　　　　　https://nihonbashi-pub.co.jp/
　　　　　　電話／ 03-6273-2638
発　売 —— 星雲社（共同出版社・流通責任出版社）
　　　　　　〒 112-0005　東京都文京区水道 1-3-30
　　　　　　電話／ 03-3868-3275